शतरुद्रीक्रम शिव पूजन

दिनेश त्रिवेदी

BlueRose ONE
Stories Matter
NewDelhi • London

BLUEROSE PUBLISHERS
India | U.K.

Copyright © Dinesh Trivedi 2024

All rights reserved by author. No part of this publication may be reproduced, stored in a retrieval system or transmitted in any form or by any means, electronic, mechanical, photocopying, recording or otherwise, without the prior permission of the author. Although every precaution has been taken to verify the accuracy of the information contained herein, the publisher assume no responsibility for any errors or omissions. No liability is assumed for damages that may result from the use of information contained within.

BlueRose Publishers takes no responsibility for any damages, losses, or liabilities that may arise from the use or misuse of the information, products, or services provided in this publication.

For permissions requests or inquiries regarding this publication,
please contact:

BLUEROSE PUBLISHERS
www.BlueRoseONE.com
info@bluerosepublishers.com
+91 8882 898 898
+4407342408967

ISBN: 978-93-6452-273-1

Cover design: Tahira
Typesetting: Tanya Raj Upadhyay

First Edition: August 2024

|| अनुक्रमणिका ||

क्रमांक	वि ग त	पृष्ठ संख्या
1	कंकणबंधन, शान्तिपाठ, देवता नमस्कार...............	1 से 5
2	गणेश स्मरण, प्रधान संकल्प, दिग् रक्षण..............	6 से 10
3	वरुण पूजन तथा गणेश पूजन	11 से 32
4	पुण्याहवाचन एवं आचार्य वरुण	33 से 51
5	हनुमान पूजन से नवग्रह पूजन	52 से 54
6	शतरुद्रीक्रम अभिषेक सहित शिव पूजन	55 से 105
7	महिम्न स्तोत्र	106 से 112
8	शिव मानस पूजा	113 से 114
9	शिव तांडव स्तोत्र	115 से 117

//

3

<u>पूजन सामग्री</u>

श्रीफल 3	*अबीर-गुलाल-कुमकुम 50 ग्राम*
मोली.................................	*गेहूं..........................सवा किलो*
मुंग ....सवा किलो	*चावल ....सवा किलो*
पीले सरसों...........50 ग्राम	*सुपारी ....15 नग*
अत्तर ....2 शीशी	*जनेऊ ....6 नग*
अगरबत्ती,माचिस और रुई	*गुड और खड़ी शक्कर ..100 ग्राम*
इलायची, लॉन्ग ....5 ग्राम	*घी ....250 ग्राम*
कर्पूर ....4 बट्टी	*पञ्च मेवा ....250 ग्राम*
स्थापन के कापड :	*पंचामृत*
लाल 3	*बिल्व पत्र*
हरा 1	*ऋतू फल 4*
सफ़ेद 1	*कच्चा दूध अभिषेक हेतु*
पुष्प-दूर्वा-तुलसी पत्र-हार	*आसन...........3*
ताम्बे के बर्तन :	
बड़े कलश 3	*थाली................3*
छोटे कलश........3	*कटोरी.............6*
पंचपात्र, तर्भानी, आचमनी	
पूर्ण पात्र 3	

|| स्थापन चार्ट ||
पूर्व

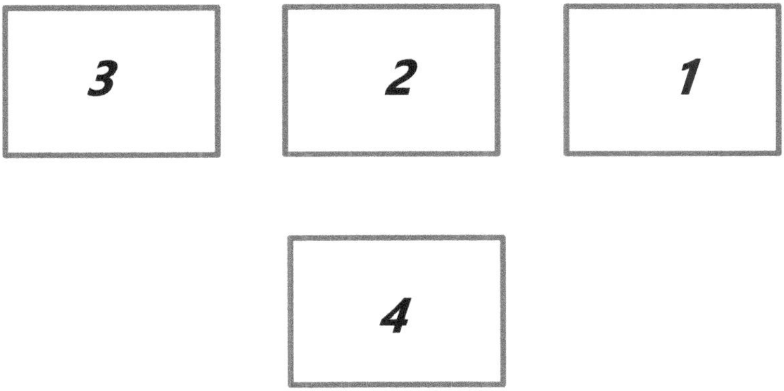

| 3 | 2 | 1 |

| 4 |

पश्चिम

1. गणेश स्थापन, लाल कपडे पर गेहूं से अष्टदल
2. शिव स्थापन, हरे कपडे पर मूंग से अष्टदल
3. नवग्रह स्थापन, सफ़ेद कपडे पर चावल से नौ ढेरी
4. सपत्निक यजमान आसन

|| लेखक के मनोद्गार ||

आप सभी पाठकों के समक्ष मेरी यह प्रथम पुस्तक, हिन्दीभाषा में "शतरुद्रीक्रम शिव पूजन" प्रस्तुत करते हुए मुझे अत्यानंद हो रहा है। यह पुस्तक, कर्मकांडी ब्राह्मणों के लिए अति उपयोगी साबित होगी। वैसे तो "अष्टाध्यायी रुद्री" की कुछ पुस्तकें बाजार में होगी किन्तु "शतरुद्रीक्रम" की पुस्तक शायद ही देखने को मिलेगी।

'केवल्योपनिषद' और 'जाबालोपनिषद' में प्रमाण है कि : शतरुद्री का पाठ नित्य करने से सभी पापों से मुक्त होकर पवित्रात्मा हो जाता है एवं मृत्यु पश्चात, मोक्ष (केवल्य पद) प्राप्त होता है।

इस पुस्तक के सभी मन्त्र शुक्ल यजुर्वेद से लिए गए है और यजुर्वेद में कुछ स्थानों पर "ष" का "ख" और "य" का "ज" उच्चारण किया जाता है। पाठकों की सुविधा हेतु जहां जहां इन का उच्चारण बदलना है, उन अक्षरों को गाढे (BOLD) किए हैं।

आशा करता हूं कि यह पुस्तक पाठकों को अवश्य पसंद आएगी।

पंडित दिनेश त्रिवेदी
वापी, गुजरात
मोबाइल : 8094157066

श्री गणेशाय नमः

पूर्वाभिमुख बैठकर आचमन करें ॥

ॐ केशवाय नमः ॥ ॐ माधवाय नमः ॥ ॐ नारायणाय नमः ॥
तत्पश्चात् ॐ गोविंदाय नमः **बोलकर हाथ धोएँ ।**

नीचे दिया हुआ मंत्र बोलकर पवित्री धारण करें ।

ॐ पवित्रे स्थो वैष्णव्यौ सवितुर्वः प्रसव उत्पुनाम्यच्छिद्रेण
पवित्रेण सूर्यस्य रश्मिभिः ।
तस्य ते पवित्रपते पवित्र पूतस्य यत्काम पुने तच्छकेयम् ॥

पृथ्वी पर हाथ रखकर, निम्न श्लोक बोलकर, पृथ्वी को नमस्कार करें ।

पृथ्वी तया धृता लोका, देवी त्वं विष्णुना धृता ।
त्वं च धाराय माँ देवी, पवित्रम् कुरु चासनम् ॥
प्रार्थनापूर्वक नमस्करोमि ॥

दीप देवता को नमस्कार करें ।

ॐ चंद्रमा मनसो जातश्चक्षोः सूर्यो ऽ अजायत
क्षोत्राद्वायुश्च प्राणश्च मुखादग्निरजायत ॥
दीपस्थ देवताभ्यो नमः । नमस्करोमि ॥

सूर्यदेव को नमस्कार करें।

ॐ आ कृष्णेन रजसा वर्तमानो निवेशयन्नमृतम्मर्त्यञ्च।
*हिरण्ययेन सविता रथेना देवो **या**ति भुवनानि पश्यन् ॥*
सूर्य देवताभ्यो नमः। नमस्करोमि ॥

*यजमान भाले तिलकं कृत्वा। **यजमान को तिलक करें ॥***

*ॐ स्वस्ति न इन्द्रो वृद्धश्रवाः स्वस्ति नः पू**षा** विश्ववेदाः।*
स्वस्ति नस्तार्क्ष्योऽअरिष्टनेमिः स्वस्ति नो बृहस्पतिर्दधातु ॥

ह्रीं स्वस्तिस्तु याऽ विनाशाख्या, धर्मकल्याण वृद्धिदा।
विनायक प्रिया नित्यं, तां च स्वस्तिं ब्रुवन्तु नः ॥

कंकण बंधनम् *: **निम्न मंत्र से यजमान को मोलि बांधे :***

*ॐ **य**दाबध्नन्दाक्षायणा हिरण्य(**घूं**) शतानीकाय सुमनस्यमानाः।*
*तन्मऽ आबध्नामि शतशारदा: **या**युष्मान् **य**रदष्टि**र्य**थासम् ॥*

ह्रीं येन बद्धो बलीराजा, दानवेन्द्रो महाबल।
तेन त्वामनुबध्नामि, रक्षे मा चल मा चल ॥

कंकण बन्धन (यजमान पत्नी)

ॐ तम्पत्नोभि रनुगच्छेम देवाः पुत्रै र्भ्रातृभि रुतवाहिरण्यैः।
नाकङ् गृब्भ्णानाः सुकृतस्य लोकेतृतीये पृष्ठेऽ अधिरोचने दिवः॥

<u>शांतिपाठ का पठन करें</u> :

ॐ आ नो भद्राः क्रतवो **य**न्तु विश्वतो दब्धासो अपरी तास उद्भिदः।
देवा नो **य**था सदमिद् वृधे असन्नप्रायुवो रक्षितारो दिवे दिवे ॥
देवानां भद्रा सुमतिर्ऋजूयताम् देवाना **(घुं)**रातिरभि नोनिवर्तताम्।
देवाना **(घुं)**सख्यमुपसेदिमा व्वयं देवा न आयुः प्रतिरन्तु जीवसे ॥
तान्पूर्वया निविदा हूमहे व्वयं भगं मित्रमदितिं दक्षमस्त्रिधम्।
अ**र्य्य**मणं व्वरुण **(घूं)**सोममश्विना सरस्वती नः सुभगा मयस्करत ॥
तन्नो व्वातो मयो भुव्वातु भे**ष**जं तन्माता पृथिवि तत्पिता द्यौः।
तद्ग्रावाणः सोमसुतो मयोभुवस्तदश्विना शृणुतं धिष्ण्या युवम् ॥
तमीशानं जगतस्तस्थु**ष**स्पतिं धियंजिन्वमवसे हूमहे व्वयम्।
पूषा नो **य**था व्वेदसाम सद्वृद्धे रक्षिता पायुरदब्धः स्वस्तये ॥
स्वस्ति न इन्द्रो वृद्धश्रवाः स्वस्ति नः पू**षा** विश्ववेदाः।
स्वस्ति नस्ताक्ष्यो अरिष्टनेमिः स्वस्ति नो बृहस्पतिर्दधातु ॥
पृ**ष**दश्वा मरुतः पृश्निमातरः शुभं**य्या**वानो व्विदथे**षु** जग्मयः।
अग्निजिह्वा मनवः सूर चक्षसो विश्वे नो देवा अवसा गमन्निह ॥
भद्रं कर्णेभिः श्रृणुयाम देवा भद्रं पश्येमाक्षभि**र्य्य**त्राः।
स्थिरैरंगैस्तुष्टुवा **(घूं)** सस्तनू भिर्व्यशेमहि देवहितं **य्य**दायुः ॥
शतमिन्नु शरदो अन्तिदेवा **य**त्रा नश्चक्रा जरसंतनूनाम्।
पुत्रासो **य**त्र पितरो भवन्ति मा नो मध्या रीरि**ष**तायुर्गन्तोः ॥

अदितिर्द्योरदितिरन्तरिक्षमदितिर्म्माता स पिता स पुत्रः ।
विश्वे देवा अदितिः पंचजना अदितिर्जातमदितिर्जनित्वम् ॥
*द्योः शान्तिरन्तरिक्ष **(घूं)** शान्तिः पृथिविशान्तिरापः शान्तिरो**ष**धयः शान्तिः ।*
*वनस्पतयः शान्तिर्विश्वे देवाः शान्तिर्ब्रह्म शान्तिः सर्व **(घूं)***
शान्तिः शान्तिरेवशान्तिः सा मा शान्तिरेधि ॥
***य**तो **य**तः समीहसे ततो नो अभयं कुरु ।*
*शं नः कुरु प्रजाभ्योऽभयं नः पशुभ्यः **॥***

शांतिपाठ (पुराणोक्त)

या श्रीः स्वयं सुकृतिनां भवनेष्वलक्ष्मीः
पापात्मनां कृतधियां हृदयेषु बुद्धिः ।
श्रद्धा सतां कुलजनप्रभवस्य लज्जा
तां त्वां नताः स्म परिपालय देवि विश्वम् ॥
किं वर्णयाम तव रूपमचिन्त्यमेतत्
किं चातिवीर्यमसुरक्षयकारि भूरि ।
किं चाहवेषु चरितानि तवाद्‌ भूतानि
सर्वेषु देव्यसुरदेव गणादिकेषु ॥
हेतुः समस्तजगतां त्रिगुणापि दोषे
र्न ज्ञायसे हरिहरा दिभिरप्यपारा ।
सर्वाश्रया खिलमिदं जगदंशभूत
मव्याकृता हि परमा प्रकृतिस्त्वमाद्या ॥

यस्याः समस्तसुरता समुदीरणेन
तृप्तिं प्रयाति सकलेषु मखेषु देवि ।
स्वाहासि वै पितृगणस्य च तृप्तिहेतु
रूच्चार्यसे त्वमत एव जनैः स्वधा च ॥
ॐ शान्तिः शान्तिः शान्तिः । सुशान्तिर्भवतु ॥

गुरुपादाभि वंदनम् :

ब्रह्मानन्दं परमसुखदं केवलं ज्ञानमूर्तिम्
द्वन्द्वातीतं गगनसदृशं तत्वमस्यादिलक्ष्यम् ।
एकं नित्यं विमलमचलं सर्वधीसाक्षीभूतम्
भावातीतं त्रिगुणरहितं सद्गुरुं तं नमामि ॥

देवता नमस्कार :

श्रीमन्महागणाधिपतये नमः । इष्टदेवताभ्यो नमः । कुलदेवताभ्यो नमः ।
श्री ग्रामदेवताभ्यो नमः । श्री स्थानदेवताभ्यो नमः ।
श्री वाणीहिरण्यगर्भाभ्यां नमः । श्री लक्ष्मीनारायणाभ्यां नमः ।
श्री उमामहेश्वराभ्यां नमः । श्री शचीपुरंदराभ्यां नमः ।
मातृपितृ चरणकमलेभ्यो नमः । सर्वेभ्यो देवेभ्यो नमः ।
सर्वेभ्यो ब्राह्मणेभ्यों नमः । पुण्यं पुण्याहं दीर्घमायुरस्तु ॥

श्री गणपती स्मरण :

समुखश्चैकदंतश्च कपिलो गजकर्णकः ।
लंबोदरश्च विकटो विघ्ननाशो विनायकः ॥
धूम्रकेतुर्गणाध्यक्षो भालचंद्रो गजाननः ।
द्वादशैतानि नामानि यः पठेत् श्रृणुयादपि ॥
विद्यारंभे विवाहे च प्रवेशे निर्गमे तथा ।
संग्रामे संकटे चैव विघ्नस्तस्य न जायते ॥
शुक्लांबरधरं देवं शशिवर्णं चतुर्भुजं ।
प्रसन्नवदनं ध्यायेत् सर्वविघ्नोपशांतये ॥
अभीप्सिद्धार्थसिध्यर्थं पूजितो यः सुरासुरैः ।
सर्वविघ्नहरस्तस्मै गणाधिपतये नमः ॥
सर्वमंगलमंगल्ये शिवे सर्वार्थसाधिके ।
शरण्ये त्र्यंबके गौरि नारायणि नमोस्तुते ॥
सर्वदा सर्वकार्येषु नास्ति तेषाममंगलम् ।
येषां ह्रदिस्थो भगवान् मंगलायतनो हरिः ॥
तदेव लग्नं सुदिनं तदेव ताराबलं चन्द्रबलं तदेव ।
विद्याबलं दैवबलं तदेव लक्ष्मीपते तेंध्रियुगं स्मरामि ॥
लाभस्तेषां जयस्तेषां कुतस्तेषां पराजयः ।
येषामिन्दीवरश्यामो हृदयस्थो जनार्दनः ॥
यत्र योगेश्वरः कृष्णो यत्र पार्थो धनुर्धरः ।
तत्र श्रीर्विजयो भूतिर्ध्रुवा नीतिर्मतिर्मम ॥

सर्वेष्वारब्धकार्येषु त्रयस्त्रिभुवनेश्वरा: ।
देवा दिशंतु नः सिद्धिं ब्रह्मेशानशान जनार्दना: ॥
विनायकं गुरुं भानुं ब्रह्मविष्णुमहेश्वरान् ।
सरस्वतीं प्रणम्यादौ सर्वकार्यार्थसिद्धये ॥

प्रधान संकल्प : आचमनी में जल-गंध-अक्षत-पुष्प लेकर निम्न संकल्प करें ॥

*ॐ विष्णुर्विष्णुर्विष्णु: श्रीमद्-भगवतो महापुरुषस्य विष्णोराज्ञया प्रवर्तमानस्य अद्य ब्रह्मणो द्वितीये परार्धेश्रीश्वेतवाराहकल्पे, वैवस्वत मन्वंतरे अष्टाविंशतितमे, कलियुगे, कलि प्रथमचरणे भारतवर्षे, जंबूद्विपे, अमुक मासे, अमुक पक्षे, अमुक तिथौ, अमुक वासरे, अमुक नक्षत्रे, अमुक राशिस्थिते चंद्रे, अमुक राशिस्थिते सूर्ये, अमुक राशिस्थिते देवगुरौ, शेषेषु ग्रहेषु यथायथं राशिस्थान स्थितेषु सत्सु एवं गुणविशेषण विशिष्टायां, अमुक गोत्रोत्पन्न:(**यजमान का गोत्र**), अमुक नाम्नो (**यजमान का नाम**), यजमानोऽहं मम भार्या (**यजमान पत्नी का नाम**) सहितस्य ममः आत्मन: शास्त्रोक्त पुण्यफलप्राप्तिअर्थम् मम जन्मराशे:, नाम राशे: वा केचन विरुद्धस्थानस्थिता: क्रूर-ग्रहास्तै: सूचितं सूचयीष्यमाणं च, यत्सर्व-अरिष्टं तद् विनाशार्थं, सर्वदा तृतीय, एकादश, दशम् आदि उपचय-स्थानवत् शुभफलप्राप्ति अर्थं अस्माकं सर्वेषां कुटुंबानां क्षेम, आयु:, आरोग्य, ऐश्वर्य आदि अभिवृद्धि अर्थं, अप्राप्त लक्ष्मी प्राप्तिअर्थं, प्राप्त लक्ष्मी: चीरकाल संरक्षणार्थं, सकल मनईप्सित कामना सिद्ध्यर्थं लोके सभायां राजद्वारे वा सर्वत्र यश-विजय लाभ आदि प्राप्ति अर्थं इह जन्मनि जन्मांतरे वा सकल दुरित उपशमनार्थं अस्माकं सर्वेषां कल्याणाय "मा कश्चिद् दु:खमाप्नुयात्" इति हेतवे श्रीभवानीशंकर महारुद्रदेवता प्रीत्यर्थे शिव शीर्षोपरि अविच्छिन्न जलधारया रुद्राभिषेक कर्म (लघु रुद्र कर्म वा) तथा षोडशोपचार पूजनं च अहं करिष्ये ।*

<u>अंग संकल्प</u>: (हाथ मे आचमनी में जल रखें)

तदङ्गत्वेन दिग्-रक्षणं, शंख-घंटा अर्चनं, गणपती पूजनं, पुण्याहवाचनं च करिष्ये | ***जल छोड़ दें ||***

<u>आसन शुद्धि :</u>

यजमान, अपने आसन के नीचे, जल या चन्दन से त्रिभुज बनाकर *"आधारशक्ति कमलासनाय नमः"* ***बोलें | पश्चात,*** *"सर्वोपचारार्थे गंधाक्षतपुष्पाणि समर्पयामि"* ***बोलकर, गंध-अक्षत-पुष्प समर्पण करें | निम्न श्लोक बोलकर, पृथ्वी पर हाथ रखकर पृथ्वि की प्रार्थना करें |***

पृथ्वि ! त्वया धृता लोका देवि ! त्वं विष्णुना धृता |
त्वं च धारय माँ देवि ! पवित्रम् कुरु चासनम् ||

अब, *"पुंडरीकाक्षाय नमः"* ***बोलकर,आसन के नीचे जल का प्रोक्षण करें तथा निम्न मंत्र बोलकर, आसन को नमस्कार करें |***

अनंत आसनाय नमः । कूर्मासनाय नमः । विमलासनाय नमः ।
पद्मासनाय नमः । योगासनाय नमः । आधारशक्त्ये नमः ।
दुष्टविद्रावण नृसिंहाय नमः । मध्ये परम सूखासनाय नमः ।

***श्री भैरव नमस्कार** :निम्न श्लोक बोलकर भैरवजी को नमस्कार करें ।*

तीक्ष्णदंष्ट्र महाकाय कल्पांतदहनोपम ।
भैरवाय नमस्तुभ्यं अनुज्ञां दातुमर्हसि ।

दिग-रक्षणम्: (वैदिक) बाएँ हाथमें पीले सरसों या चावल लेकर, दाहिना हाथ ढंककर, दाहिने घुटने पर रखें । निम्न मंत्र बोलकर, "हमारा रक्षण हो," ऐसी भावना से चारों दिशाओ में बिखेर दें ।

ॐ रक्षोहणं व्वलगहनं वैष्णवीमिदमहं तं व्वलगमुक्तिरामि ***यं****मे निष्टयो* ***य****ममात्यो निचखानेदमहं तं व्वलगमुक्तिरामि* ***यं****मे समानो* ***य****मसमानो निचखानेदमहं तं व्वलगमुक्तिरामि* ***यं****मेसबंधुर्****य****मसबंधुर्निचखानेदमहं तं व्वलगमुक्तिरामि* ***यं****मेसजातो* ***य****मसजातो निचखानोत्कृत्यांकिरामि ॥*
*रक्षोहणो वोव्वलगहनः प्रोक्षामि व्वैष्णवान् रक्षोहणो वो व्वलगहनोऽव्वनयामि वैष्णवान् रक्षोहणो वो व्वलगहनोऽवस्तृणामि वैष्णवान् रक्षोहणौ वां व्वलगहना उपदधामि वैष्णवी रक्षोहणौ वां व्वलगहनौ प****र्य्यु****हामि वैष्णवी वैष्णवमसि वैष्णवास्थ ॥*
रक्षसांभागोऽसि निरस्त ***(घ्नूं)*** *रक्ष ऽइदमह* ***(घ्नूं)*** *रक्षोभितिष्ठामीदमह* ***(घ्नूं)*** *रक्षोवबाध ईदमह* ***(घ्नूं)*** *रक्षो ऽधमं तमो नयामि ॥*

धृतेन द्यावापृथिवी प्रोर्णुवाथां व्वायो व्वेस्तोकानामग्नि-
राज्यस्य व्वेतु स्वाहा स्वाहा कृते ऊर्ध्वनभसम्मारुतं गच्छतम् ॥
*रक्षोहा व्विश्वचर्**षणिरभि यो**नि मयोहते ॥ द्रोणे सधस्थमासदत् ॥*

सरसों चारो और बिखेरने के बाद, यजमान अपने बाएँ पैर की एडी, तीन बार जमीन पर पटकें और यजमान पत्नी, तीन बार ताली बजाएँ। बाएँ हाथ मेँ जल रखकर, दाहिने हाथ की मध्यमा और अनामिका उँगलियों से आँख और कान का स्पर्श करें।

पौराणिक दिग् रक्षणम् *:*

अपसर्पन्तु ते भूता, ये भूता भूमिसंस्थिता।
ये भूता विघ्नकर्तारि, स्ते नश्यंतु शिवाज्ञया॥
अपक्रामंतु भूतानि पिशाचाः सर्वतो दिशम्।
सर्वेषामविरोधेन पूजाकर्म समारभे॥
यदत्र संस्थितं भूतं स्थानमाश्रित्य सर्वतः।
स्थानं त्यक्त्वा तु तत्सर्वं, यत्रस्थं तत्र गच्छतु॥
भूतप्रेतपिशाचाद्या, अपक्रामन्तु राक्षसाः।
स्थानादस्माद् व्रजन्त्वन्यत्, स्वीकरोमी भुवं त्विमाम्॥
भूतानि राक्षसा वापि, येऽत्र तिष्ठन्ति केचन।
ते सर्वेऽप्य पगच्छन्तु, पूजाकर्म करोम्यहं॥

<u>वरुण पूजनम्</u> : यजमान के बाईं और, थोड़े चावल रखकर, ऊपर जल से भरा कलश रखें और रक्तसूत्र बांधे। अब, बाएँ हाथ में थोड़े चावल रखकर निम्न मंत्र पढ़ने पश्चात, दो दाने कलश में डाले।

ॐ तत्वा यामि ब्रह्मणा व्वन्दमानस्तदाशास्ते यजमानो हविर्भिः।
अहेडमानो व्वरुणेहबोध्युरुश (घूं) स मान आयुः प्रमोषीः॥
ॐ भूर्भुवः स्वः अस्मिन कलशे वरुणं सांगं सपरिवारं आवाहयामि।

बोलकर दो दाने अक्षत के कलश में अर्पण करें और बाद में निम्न मंत्र बोलकर, सभी दानें कलश में डाल दें॥

ॐ मनो जूतिर्जुषतामाज्यस्य बृहस्पतिर्य्यज्ञमिमंतनोत्वरिष्टं
यज्ञ (घूं) समिमंदधातु।
विश्वेदेवास इहमादयन्तामोऽम्प्रतिष्ठ॥
ॐ भूर्भुवः स्वः वरुणाय नमः। सर्वोपचारार्थे गंधाक्षत-पुष्पाणिं समर्पयामि।

बोलकर, चंदनयुक्त पुष्प-अक्षत अर्पण करें। कलश को स्पर्श कर, निम्न श्लोकों का पठन करें।

कलशस्य मुखे विष्णुः कंठे रुद्रः समाश्रितः।
मूले तत्र स्थितो ब्रह्मा, मध्ये मातृगणाः स्मृताः॥
कुक्षौ तु सागराः सर्वे, सप्तद्वीपा वसुंधरा।
ऋग्वेदोंऽथ यजुर्वेदः, सामवेदों ह्यथर्वणः॥

अंगैश्च सहिताः सर्वे, कलशाम्बु समाश्रिताः ॥
अत्र गायत्री सावित्री, शान्तिः पुष्टिकरी तथा ।
आयान्तु मम शांत्यर्थम् दुरितक्षयकारकाः ॥
गंगे च यमुने चैव, गोदावरी सरस्वति ।
नर्मदे सिंधो कावेरी, जलेऽस्मिन सन्निधिं कुरु ॥
ब्रह्मांडोदरतीर्थानि, करैः स्पृष्टानि ते रवे ।
तेन सत्येन मे देव, तीर्थं देहि दिवाकर ॥

कलशकी चारों दिशाओं में, निम्न मंत्र बोलकर, चन्दन करें।

ॐ पूर्वे ऋग्वेदाय नमः । दक्षिणे यजुर्वेदाय नमः । पश्चिमे सामवेदाय नमः ।
उत्तरे अथर्ववेदाय नमः । कलशमध्ये अपां पतये वरुणाय नमः ।

<u>कलश प्रार्थना</u> : (हाथ जोडें)

देवदानव संवादे, मथ्यमाने महोदधौ ।
उत्पन्नोऽसि तदा कुंभ, विधृतो विष्णुना स्वयम् ॥
त्वत्तोये सर्वतीर्थानि, देवाः सर्वे त्वयि स्थिताः ।
त्वयि तिष्ठन्तिभूतानि त्वयि प्राणाः प्रतिष्ठिताः ॥
शिवः स्वयं त्वमेवासि, विष्णुस्त्वं च प्रजापतिः ।
आदित्या वसवो रुद्रा, विश्वेदेवाः सपैतृकाः ॥
त्वयि तिष्ठन्ति सर्वेऽपि, यतः कामफलप्रदाः ॥

त्वत्प्रसादादिमं यज्ञं, कर्तुमीहे जलोद्भव।
सान्निध्यं कुरु मे देव, प्रसन्नो भव सर्वदा॥

ॐ अंकुशमुद्रया सूर्यमंडलात् सर्वाणि तीर्थान्यावाह्य।
(अंकुशमुद्रा से सूर्यमण्डल के सर्वे तीर्थों का आह्वान करें)
वं इति धेनुमुद्रया अमृतीकृत्य। ***(धेनुमुद्रा से जल को अमृत बनाएँ)***
हुं इति कवचेन अवगुण्ठ्य। ***(कवच मुद्रा से तीर्थों को पकड़कर रखें)***
मत्स्यमुद्रयाऽऽच्छाद्य। ***(मत्स्य मुद्रा से जल को ढंककर रखें)***
फट् इति अस्त्रेण संरक्ष्य। ***(अस्त्र मुद्रा से जल का रक्षण करें)***

"ॐ वं वरुणाय नमः" ***आठ बार बोलकर जल को अभि-मंत्रित करें। यह जल अब पूजा में उपयोग में लेना है अतः थोड़ा जल, बडे पात्र में डाल दें। एक आचमन जल, बाएँ हाथ में लेकर, दाहिने हाथ की मध्यमा और अनामिका से, निम्न मंत्र बोलकर, खुद के ऊपर एवं पूजन सामग्री पर छिडकाव करें।***

ॐ पवित्रे स्थो वैष्णव्यौ सवितुर्वः प्रसव उत्पुनाम्यच्छिद्रेण
पवित्रेण सूर्यस्य रश्मिभिः।
तस्य ते पवित्रपते पवित्र पूतस्य यत्काम पुने तच्छकेयम्॥
ह्रीं अपवित्रः पवित्रो वा, सर्वावस्थागतोऽपि वा।
यः स्मरेत पुंडरीकाक्षं स बाह्याभ्यंतरः शुचिः॥
ॐ विष्णवे नमः। सर्वं पवित्रमस्तु॥

दीप पूजनम्:

*ॐ अग्निर्ज्योतिर्ज्योतिरग्निः स्वाहा सू**र्यो**ज्योतिर्ज्योतिः सू**र्यः** स्वाहा।*
*अग्निर्वर्चो ज्योतिर्वर्चः स्वाहा सू**र्यो** वर्चो ज्योतिर्वर्चः स्वाहा।*
*ज्योतिः **सूर्यः सूर्य्यो** ज्योतिः स्वाहा॥*

ह्रीं भो दीप देवरूपस्त्वं, कर्मसाक्षी ह्यविघ्नकृत्।
यावत् पूजां करिष्यामि तावत् त्वं सुस्थिरो भव॥
ॐ भूर्भुवः स्वः दीपस्थदेवतायै नमः। गंधपुष्पाभ्यां संपूजयामि॥
दीप को चन्दन-पुष्प अर्पण करें॥

घंटा पूजनम्:

*ॐ सुपर्णो**ऽ**सि गरुत्मास्त्रिवृत्ते शिरो गायत्रं चक्षुर्बृहद्रथन्तरे पक्षौ।*
*स्तोम आत्मा छंदा**(घुं)**स्यं गानि**य**जू **(घुं)षि** नाम॥*
*साम ते तनूर्व्वामिदेव्यं **यज्ञाय**ज्ञियं पुच्छं धिष्ण्याः शफ़ाः।*
सुपर्णोंसि गरुत्मान्दिवं गच्छ स्वः पत॥
ह्रीं आगमार्थं तु देवानां, गमनार्थं तु राक्षसाम्।
घंटानादं प्रकुर्वीत पश्चाद् घंटां प्रपूजयेत्॥

***घंटानाद कर,** "घंटस्थ गरुड़ाय नमः"। गंध-पुष्पाभ्यां*
*संपूजयामि॥ **बोलकर, गंध-पुष्प अर्पण करें**॥*

दिशाधिपति देवता नमस्कार :

पूर्वे सूर्यनारायणाय नमः । दक्षिणे भैरवाय नमः ।
पश्चिमे सप्तसागरदेवताभ्यो नमः । उत्तरे हनुमंताय नमः ।

****

श्री गणेश पूजनम् :

दक्षिण दिशा में, बाजोठ पर लाल वस्त्र पर, गेहूं से अष्टदल बनाकर, मध्य में लोटे के ऊपर पूर्णपात्र में गणेश की मूर्ति और आसपास, दो सुपारी रिद्धि- सिद्धि की रखकर स्थापन कर निम्न विधि से पूजन करें।

ध्यान :

उच्चैः ब्रह्मांडखंड द्वितीय सहचरं, कुम्भयुग्मं दधानं
प्रेखं नागारिपक्ष प्रतिभटविकट, क्षेत्रतालोऽभिरामम्।
देवं शम्भोरपत्यं भुजगपतितनुं, स्पर्धिवर्धिष्णु हस्तम्
ध्यायेत् पूजार्थमीशं गणपतिममलं धीश्वरं कुंजरास्याम्॥
ॐ भूर्भुवःस्वः सिद्धिबुद्धिसहित महागणपतये नमः। ध्यायामि॥

आवाहनम् : (निम्न मंत्र बोलकर पुष्प अर्पण करें)

ॐ गणानांत्वा गणपति (घूं) हवामहे प्रियाणां त्वा प्रियपति (घूं) हवामहे
निधीनान्त्वा निधिपति (घूं) हवामहे वसो मम।
आहमजानि गर्भधमा त्वमजासि गर्भधम्॥
ह्रीं हे हेरम्ब त्वमेह्योहि, अंबिका त्र्यंबकात्मज।
सिद्धिबुद्धिप्रद त्र्यक्ष, लक्षलाभ पितः प्रभों॥
नागास्य नागहार त्वं, गणराज चतुर्भुज।
भूषितः स्वायुधै स्तिक्ष्णैः पाशांकुशपरश्वधैः॥

आवाहयामि पूजार्थं, रक्षार्थं च मम क्रतोः।
इहागत्य गृहाण त्वं, पूजां क्रतुं च रक्ष मे ॥
ॐ भूर्भुवः स्वः सि. बु. म. ग. नमः। आवाहयामि॥

<u>आसनम् :</u> श्रीगणेश को दूर्वा का आसन अर्पण करें

ॐ वर्ष्मोस्मि समानानामुद्यतामिव सूर्यः।
ईमंतमभितिष्ठामि **यो**माकश्चा भिदासति॥
ह्रीं रम्यं सुशोभनं दिव्यं, सर्व सौख्य समन्वितम्।
आसनं च मया दत्तं, गृहाण गणनायक॥
ॐ भूर्भुवः स्वः सि. बु. म. ग. नमः आसनं सम.॥

<u>पाद्यम्</u> : पैर धोने की भावना से जल अर्पण करें।

ॐ एतावानस्य महिमातो ज्यायांश्च पूरुषः।
पादोस्य विश्वा भूतानि त्रिपादस्यामृतम् दिवि॥
ह्रीं उष्णोदकं निर्मलं च, सर्व सौगंध्य संयुतम्।
पादप्रक्षालनार्थाय, दत्तं ते प्रतिगृह्यताम्॥
ॐ भूर्भुवः स्वः सि. बु. म. ग. नमः। पाद्यं सम.॥

<u>अर्घ्यं</u> : (गंध-पुष्प-सुपारी एवं दक्षिणा से अर्घ्य दें)

*ॐ धामं ते विश्वं भुवनमधि श्रितमन्तःसमुद्रे हृद्यन्तरायु**षि***
*अपामनीके समिथे **य** आभृतस् तमश्याम मधुमन्तं त उर्मिम् ॥*
ह्रीं तामपात्रे स्थितं तोयं गंधपुष्पफलान्वितम् ।
सहिरण्यं दादाम्यर्घ्यं, गृहाण परमेश्वर ॥
ॐ भूर्भुवः स्वः सि. बु. म. ग. नमः । अर्घ्यं सम. ॥

<u>आचमनीयं:</u> (निम्न मंत्र पठन के बाद आचमन जल छोड़े)

ॐ इमंमे वरुण श्रुधी हवमद्या च मृडय ।
त्वामवस्यु राचक्रे ॥
ह्रीं सर्वतीर्थसमायुक्तं सुगंधिं निर्मलं जलम् ।
आचाम्यतां मया दत्तं गृहाण परमेश्वर ॥
ॐ भूर्भुवः स्वः सि. बु. म. ग. नमः । आचमनीयं सम. ॥

<u>पंचामृत स्नानम् :</u> (देव को पंचामृत से स्नान करावें)

*ॐ पंच नद्यः सरस्वती मपि**यं**ति सस्रोतसः ।*
सरस्वती तु पंचधा सो देशेऽभवत्सरित् ॥
ह्रीं पयो दधि घृतं चैव, मधु च शर्करायुतम् ।
पंचामृतं मया ऽऽनीतं स्नानार्थं प्रतिगृह्यताम् ॥
ॐ भूर्भुवः स्वः सि. बु. म. ग. नमः । पंचामृत स्नानं सम. ।

पंचामृत स्नानान्ते शुद्धोदक स्नानं सम. ||

शुद्धोदक स्नानान्ते आचमनीयं सम. ||

गंधोदक स्नानम् : (चंदनयुक्त जल चढ़ावे)

ॐ गन्धर्वस्त्वा विश्वावसुः परिदधातु विश्वस्यारिष्टयै |

यजमानस्य परिधिरस्यग्निरिड ईडितः ||

ह्री मलयाचलसंभूतं चंदनागरुसंभवम् |

चन्दनं देवदेवेश, स्नानार्थं प्रतिगृह्यताम् ||

ॐ भूर्भुवः स्वः सि. बु. म. ग. नमः | गंधोदक स्नानं सम. |

गंधोदक स्नानान्ते शुद्धोदक स्नानं सम. ||

शुद्धोदक स्नानान्ते आचमनीयं सम. ||

उद्वर्तन स्नानम् : (अत्तर से स्नान कराएं)

ॐ अ (घूं) शुना ते अ (घूं) शुः पृच्यतांपरुषा परु |

गन्धस्ते सोममवतु मदाय रसो अच्युतः ||

ह्रीं नानासुगंधीं द्रव्यं च, चन्दनं रजनीयुतम्

उद्वर्तनं मया दत्तं, गृहाण गणनायक ||

ॐ भूर्भुवः स्वः सि.बु.म.ग. नमः | उद्वर्तन स्नानं सम. ||

उद्वर्तन स्नानान्ते शुद्धोदक स्नानं सम. |

शुद्धोदक स्नानान्ते आचमनीयं सम. |

सर्वोपचारार्थे गंधाक्षतपुष्पाणीं सम. ॥

(देव को चन्दन-अक्षतयुक्त पुष्प अर्पण करें)

संकल्प : *अनेन पंचामृतपूर्वाराधनेन गणपतिः प्रीयताम् ॥*

देव को अर्पण किया हुआ पुष्प लेकर, सूंघकर, बाईं और विसर्जित कर हाथ धोएँ, तथा *"अभिषेकार्थे पुनः गंध-पुष्पम् सम."* ***बोलकर, पुनः गंध-पुष्प अर्पण करें*** *॥* ***तत्-पश्चात्, दूध मिश्रित जल या चन्दन मिश्रित जलसे निम्न दिए हुए गणपतिअथर्वशीर्ष या गणपति स्तोत्र से अभिषेक करें*** *।*

अथः गणपत्यथर्वशीर्षम् *:*

(ॐ श्रीः) नमस्ते गणपतये ॥ त्वमेव प्रत्यक्षं तत्वमसि ।
त्वमेव केवलं कर्तासि । त्वमेव केवलं धर्तासि ।
त्वमेव केवलं हर्तासि । त्वमेव सर्व खल्विदं ब्रह्मासि ।
त्वं साक्षादात्मासि नित्यं ॥ 1 ॥
ऋतं वच्मि सत्यं वच्मि ॥ 2 ॥
अव त्वं माम् । अव वक्तारम् । अव श्रोतारम् । अव दातारम् । अव धातारम् ।
आवानूचानमव शिष्यम् । अव पश्चात्तात् । अव पुरस्तात् । अवोत्तरात्तात् ।
अव दक्षिणात्तात् । अव चोर्ध्वात्तात् । अवाधरात्तात् ।
सर्वतो माँ पाहि समन्तात् ॥ 3 ॥
त्वं वाङ्मयस्त्वं चिन्मयः । त्वमानन्दमयस्त्वं ब्रह्ममयः ।
त्वं सच्चिदानन्दाद्-द्वितीयोसि । त्वं प्रत्यक्षं ब्रह्मासि ।
त्वं ज्ञानमयो विज्ञानमयोसि ॥ 4 ॥

सर्वं जगदिदंत्वत्तो जायते | सर्वं जगदिदं त्वत्तस्-तिष्ठति |
सर्वं जगदिदं त्वयि लयमेष्यति | सर्वं जगदिदं त्वयि प्रत्येति |
त्वं भूमिरापोऽनलोऽनिलो नभः | त्वं चत्वारि वाक्-पदानि || 5 ||
त्वं गुणत्रयातीतः | त्वं अवस्थात्रयातीतः | त्वं देहत्रयातीतः |
त्वं कालत्रयातीतः | त्वं मूलाधारस्थितोऽसि नित्यम् | त्वं शक्तित्रयात्मकः |
त्वां योगीनो ध्यायंती नित्यम् | त्वं ब्रह्मा: त्वं विष्णुस्त्वं
रुद्रस्त्वमिन्द्रस्त्वमग्निस्त्वं वायुस्त्वं सूर्यस्त्वं चंद्रमास्त्वं ब्रह्म भूर्भुव :स्वरोम् ||6||
गणादिन पूर्वमुच्चार्य वर्णादीः तदनंतरम्म् |
अनुस्वारः परतरः | अर्धेन्दुलसितम् | तारेण रुद्धम् | एतत्तव मनुस्वरूपम् |
गकारः पूर्वरूपम् | अकारो मध्यमरूपम् | अनुस्वारश्चांत्यरूपम् |
बिन्दुरुत्तररूपम् | नादः संधानम् | सन्निहिता संधिः |
सैषा गणेशविद्या | गणक ऋषिः | निचृद् गायत्री छंदः | गणपतिर्देवता |
ॐ गं गणपतये नमः | एकदंताय विद्महे वक्रतुंडाय धीमहि |
तन्नो दंती प्रचोदयात् | (8)
ह्रीं एकदंतं चतुर्हस्तं पाशमंकुशधारिणम् |
रदं च वरदं हस्तैर्, बिभ्राणं मूषकध्वजम् ||
रक्तं लंबोदरं शूर्प, कर्णकं रक्तवाससम् |
रक्तगंधानु लिप्तांगं रक्तपुष्पैः सुपूजितम् |
भक्तानुकंपिनं देवं जगत्कारण मच्युतम् ||
आविर्भूतं च सृष्ट्यादौ प्रकृतेः पुरुषात्परम् |
एवं ध्यायति यो नित्यं, स योगी योगिनां वरः || (9)
नमो व्रातपतये नमो गणपतये नमः प्रमथपतये

नमस्तेऽअस्तु लम्बोदरायैकदंताय विघ्ननाशिने
शिवसुताय श्रीवरदमूर्त्तये नमः ॥ (10)
एतद्-अथर्वशीर्षं योऽधीते स ब्रह्मभूताय कल्पते।
स सर्वतः सुख मेघते। स सर्वविघ्नैः न बाध्यते। स पंच महापापात्-प्रमुच्यते।
सायमधीयानो दिवसकृतं पापं नाशयति।
प्रातरधीयानो रात्रिकृतं पापं नाशयति। सायं प्रातः प्रयुंजानो अपापो भवति।
सर्वत्राधीयानोऽपविघ्नो भवति। धर्मार्थकाममोक्षं च विंदति।
ईदम्-अथर्वशीर्षम् अशिष्याय न देयम्।
यो यदि मोहादास्यति स पापीयान् भवति।
सहस्त्रावर्तनात् यं यं काममधीते तं तमने न साधयेत् ॥11॥
अनेन गणपतिभिषिंचति स वाग्मी भवति।
चतुर्थ्यामनश्रन्न जपति स विद्यावान भवति। इति अथर्व वाक्यम्।
ब्रह्माद्यावरणं विद्यात् न विभेति कदाचनेति ॥ 12 ॥
यो दूर्वां कुरैर्यजति स वैश्रवणोपमो भवति।
यो लाजैर्यजति स यशोवान भवति।
सः मेघावान भवति। यो मोदक सहस्त्रेण यजति। स वांछित फलम् वाप्नोति।
यः साज्य समिद्भिः यजति। स सर्वं लभते। स सर्वं लभते।
अष्टों ब्राह्मणानां सम्यक् ग्राहयित्वा सूर्यवर्चस्वी भवति।
सूर्यग्रहे महानद्यां प्रतिभासन्निधौ वा जपत्वा सिद्धमंत्रो भवति।
महाविघ्नात् प्रमुच्यते। महादोषात् प्रमुच्यते।
महापापात् प्रमुच्यते। महाप्रत्यवायात् प्रमुच्यते।
स सर्वविद्भवति। स सर्वविद्भवति य एवं वेद ॥ 13 ॥

निम्न गणपति स्तोत्र से भी अभिषेक कर सकते है।

प्रणम्य शिरसा देवं, गौरीपुत्रं विनायकं।
भक्तावासं स्मरेनित्यं आयुःकामार्थ सिद्धये॥
प्रथमं वक्रतुंडं च, ह्येकदंतं द्वितीयकम्।
तृतीयं कृष्णपिङ्गाक्षं, गजवक्त्रम् चतुर्थकम्॥
लंबोदरं पंचमं च, षष्ठं विकटमेव च।
सप्तमं विघ्नराज च, धूम्रवर्णं तथाष्टमम्॥
नवमं भालचन्द्रं च, दशमं तु विनायकम्।
एकादशं गणपतिं, द्वादशं तु गजाननम्॥
द्वादशैतानि नामानि, त्रिसंध्यं यः पठेन्नरः।
न च विघ्नभयं तस्य, सर्वसिद्धिकरं परम्॥
विद्यार्थी लभते विद्यां, धनार्थी लभते धनम्।
पुत्रार्थी लभते पुत्रान्, मोक्षार्थी लभते गतिम्॥
जपेत् गणपति स्तोत्रं, षड् भिमासैर्फलं लभेत्।
संवत्सरेण सिद्धिं च, लभते नात्र संशयः॥
अष्टभ्यो ब्राह्मणेभ्यश्च, लिखित्वा यः समर्पयेत्।
तस्य विद्या भवेत्सर्वा, गणेशस्य प्रसादतः॥

शुद्धोदक स्नानः ***निम्न मंत्र से देव को स्नान कराएं :***

*ॐ शुद्धवालः सर्वशुद्धवालो मणिवालस्त**ऽ**आश्विनाः*
*श्येतः श्येताक्षो**ऽ**रुणस्ते रुद्राय पशुपतये*
*कर्णा **या**मा अवलिप्ता रौद्रा नभोरूपाः पार्जन्याः ॥*

ह्रीं गंगा च गोदा सरयुश्च सिंधु, सरस्वती सूर्यसुता च रेवा ।
कालिंदिका स्नानविधौसमस्ता,आयान्तु पुण्या सरितप्रवाहा॥
ॐ भूर्भुवः स्वः सि. बु. म. ग. नमः ।
शुद्धोदक स्नानं सम. । शुद्धोदकस्नानान्ते आचमनीयं सम. ॥

देव को अपने स्थान पर स्थापित कर, आगे विधि करें ।

वस्त्रम् :

*ॐ सुजातो ज्योति**षा**सह शर्म व्वरूथमा**ऽ**सदत्स्वः ।*
*वासो अग्ने विश्वरूप(**घूं**) सं व्य**य**स्व विभावसो ॥*
ह्रीं सर्वभूषाधिके सौम्ये, लोकलज्जा निवारणे ।
मयो पपादिते देव, गृहाण वाससी प्रभो ॥
ॐ भूर्भुवः स्वः सि. बु. म. ग. नमः । वस्त्रम् सम. ॥
वस्त्रान्ते आचमनीयं सम. ॥

यज्ञोपवीतम् :

ॐ यज्ञोपवीतं परमं पवित्रं प्रजापतेर्यत्सहजं पुरस्तात् |
आयुष्यमग्रयं प्रतिमूञ्च शुभ्रं यज्ञोपवीतं बलमस्तु तेज : ||

ह्रीं नवभिस्तन्तुभिर्युक्तं, त्रिगुणं देवतामयम् |
उपवीतं मया दत्तं गृहाण गणनायक ||
ॐ भूर्भुवः स्वः सि. बु. म ग. नमः | यज्ञोपवीतं सम. |
यज्ञोपवीतांते आचमनीयं सम. ||

चंदनम्:

ॐ त्वां गंधर्वा अखनंस्त्वा मिन्द्रस्त्वां बृहस्पतिः |
त्वामोषधे सोमो राजा विद्वान्-यक्ष्मा दमुच्यत ||

ह्रीं श्रीखंडं चंदनं दिव्यं, गंधाढ्यं सुमनोहरम् |
विलेपनं सुरश्रेष्ठ चंदनं प्रतिगृह्यताम् ||
ॐ भूर्भुवः स्वः सि. बु. म. ग. नमः | चंदनं सम. ||

अक्षतम् :

ॐ अक्षन्नमीमदन्त ह्यव प्रिया अधूषत |
अस्तोषत स्वभानवो विप्रा नविष्ठया मती योजा न्विन्द्र ते हरी ||

ह्रीं अक्षताश्च सुरश्रेष्ठ कंकुमाक्ताः सुशोभिताः |
मया निवेदिता भक्त्या, गृहाण गणनायक ||
ॐ भूर्भुवः स्वः सि. बु. म. ग. नमः | अक्षतान् सम.||

पुष्पम् :

ॐ औ**ष**धी: प्रतिमोदध्वं पुष्पवती: प्रसूवरी: ।
अश्वा इव सजित्वरीर्व्विरूध: पारयिष्णवः ॥

ह्रीं माल्यादीनि सुगंधीनि मालत्यादीनि वै प्रभो ।
मया ह्रतानि पूजार्थं, पुष्पाणि प्रतिग्रह्यताम् ॥
ॐ भूर्भुवः स्वः सि. बु. म. ग. नमः । पुष्पम् सम.॥

दूर्वा :

ॐ काण्डात्काण्डात्प्ररोहंती पुरु**ष**: परु**ष**स्परि ।
एवा नो दूर्वे प्रतनु सहस्रेण शतेन च ॥

ह्रीं दुर्वाङ्कुरान् सुहरितान् अमृतान् मंगलप्रदान ।
आनीतांस्तव पूजार्थं गृहाण गणनायक ॥
ॐ भूर्भुवः स्वः सि.बु.म.ग. नमः । दुर्वाङ्कुरान सम.॥

सौभाग्य द्रव्य : (अबीर-गुलाल-कुमकुम-हल्दी-सिंदूर)

ॐ अहिरिव भोगै: प**र्य्यो**त बाहुं ज्याया हेतिंपरिबाधमानः ।
हस्तघ्नो व्विश्वा व्वयुनानि व्विद्वान्पुमान्पुमा (**घुं**) संपपरिपातु व्विश्वत: ॥
ह्रीं अबिरं च गुलालं च, सिंदूरादि समन्वितम् ।
हरिद्राचूर्ण संयुक्तं गृहाण गणनायक ॥
ॐ भूर्भुवः स्वः । सि.बु.म.ग. नमः । सौभाग्य द्रव्यं सम.।

धूपम् :

ॐ धूरसि धूर्व धूर्वन्तं धूर्वतंय्योस्मान्धूर्वति तन्धूर्व यं व्यन्धूर्वामः।
देवानामसि वह्नितम (घ्ं) सस्नितं पप्रितं जुष्टतमं देवहूतमम्॥

ह्रीं वनस्पतिरसोद्भूतो गंधाढ्यो गंध उत्तमः।
आघ्रेयः सर्वदेवानां धूपोयं प्रतिगृह्यताम्॥
ॐ भूर्भुवः स्वः। सि.बु.म.ग. नमः। धूपं आघ्रापयामि।

दीपम्

ॐ चंद्रमा अप्स्वन्तरा सुपर्णो धावते दिवि।
रयिंपिशंगं बहुलं पुरुस्पृह (घ्ं)हरिरेतिकनिक्रदत्॥

ह्रीं साज्यं च वर्तिसंयुक्तं, वह्निना योजितं मया।
दीपं गृहाण देवेश, त्रैलोक्य तिमिरापह॥
ॐ भूर्भुवः स्वः सि.बु.म.ग. नमः। दीपं दर्शयामि॥

नैवेद्यम्

ॐ अन्नपतेऽन्नस्य नो देह्यनमीवस्य शुष्मिणः।
प्रप्रदातारंतारिष ऊर्जनो धेहि द्विपदे चतुष्पदे॥
ह्रीं नैवेद्यं गृह्यतां देव, भक्तिर्मे ह्यचलां कुरु।
ईप्सितं च वरं देहि, परत्र च परां गतिम्॥
ॐ भूर्भुवः स्वः। सि.बु.म.ग. नमः। नैवेद्यं सम.।

अब, *" ॐ गं गणपतये नमः । इति मूल मंत्रेण प्रसादम् संप्रोक्षयामि"* ***बोलकर,प्रसाद के ऊपर जल छिड़कें । पश्चात, बायां हाथ आँखों के ऊपर रखकर, नीचे दिए हुए मंत्र बोलकर, दाहिने हाथ से देव को पाँच बार प्रसाद अर्पण करें ।*** *ॐ प्राणाय स्वाहा । ॐ अपानाय स्वाहा ।*
ॐ व्यानाय स्वाहा । ॐ उदानाय स्वाहा । ॐ समानाय स्वाहा ।
"मध्ये जलं समर्पयामि" ***बोलकर, एक आचमनी जल छोड़ें तथा फिरसे देव को पाँच बार भोजन अर्पण करें । अब, निम्न प्रकार से बोलकर, चार बार जल छोड़ें ।*** *उत्तरापोषणं सम. । हस्तप्रक्षालनं सम. । मुखप्रक्षालनं सम. । आचमनीयं सम. "करोद्-वर्तनार्थे गंधम् सम. ।*
हाथ ऊपर चन्दन लगाएँ ।

मुखवासम् : (इलायची-लॉन्ग)

ॐ उत स्मास्य द्रवतस्तुरण्यतः पर्णंनवेरनुवाति प्रगर्धिनः ।
श्येनस्येव ध्रजतो अङ्कसं परिदधिक्राव्णः सहोर्जा तरित्रतः स्वाहा ॥

ह्रीं पूगीफलेन संयुक्तं, नागवल्ली दलैर्युतम् ।
एलादि चूर्ण संयुक्तं, ताम्बूलं प्रतिगृह्यताम् ॥
ॐ भूर्भुवः स्वः । सि.बु.म.ग. नमः । मुखवासं सम. ॥

दक्षिणाम् :

ॐ हिरण्यगर्भः समवर्तताग्रे भूतस्य जातः पतिरेक आसीत् ।
स दाधार पृथिवींद्या मुतेमां कस्मै देवाय हविषा विधेम ॥

ह्रीं हिरण्यराजतैः पुष्पैर्दक्षिणां ते ददाम्यहम् ।
अनन्य पुण्यफलदां गृहाण गणनायक ॥
ॐ भूर्भुवः स्वः । सि.बु.म.ग. नमः दक्षिणाम् सम. ॥

<u>प्रदक्षिणाम् :</u> (आचमनी में जल लेकर देव की प्रदक्षिणा) ।

ॐ सप्तास्या सन्परिधयस्त्रीः सप्त समिधः कृताः ।
देवा यद्यज्ञंतन्वाना अबध्नन्पुरुषं पशुम् ॥

ह्रीं यानि कानि च पापानि जन्मांतर कृतानि च ।
तानि सर्वाणि नश्यंतु, प्रदक्षिणं पदे पदे ॥
ॐ भूर्भुवः स्वः । सि.बु.म.ग. नमः । प्रदक्षिणां सम. ॥

<u>आरार्तिकम् :</u>

ॐ ईद (घूं) हविः प्रजननं मे अस्तु दशवीर (घूं) सर्वगण (घूं) स्वस्तये ।
आत्मसनि प्रजासनि पशुसनि लोकसन्य भयसनि ।
अग्निः प्रजांबहुलां मे करोत्वन्नं पयोरेतो अस्मासु धत्त ।

ह्री नीराजनं गृहाणेदं घृतदीप विराजितम् ।
स्वप्रकाश प्रकाशात्मन् प्रकाशित दिगंतर ॥
ॐ भूर्भुवः स्वः । सि.बु.म.ग. नमः । आरार्तिकम् सम. ।

जलैः प्रदक्षिणां कुर्यात्: ***(जल से आरती की प्रदक्षिणा करें)***
पुष्पैः देवानां अभिवंदनम्: ***(पुष्प से देव को आरती दें)***
आत्माभिवंदनम् : ***(स्वयं आरती लें)***
हस्तम् प्रक्षाल्य: ***(हाथ धोएँ)***

मंत्र पुष्पांजलि : (अंजलि में पुष्प रखकर अर्पण करें)

*ॐ **यज्ञेन यज्ञ**मयजन्त देवास्तानि धर्माणि प्रथमान्यासन् ।*
ते ह नाकंमहिमानः सचन्त जत्र पूर्वे साध्याः सन्ति देवाः ॥

ह्रीं विविधानि च पुष्पाणि यथाप्राप्तानि वै प्रभो ।
पुष्पांजलिर्मया दत्ता, गृहाण गणनायक ॥
ॐ भूर्भुवः स्वः । सि.बु.म.ग. नमः । पुष्पांजलिं सम. ॥

विशेषअर्घ्य : आचमनी जल के ऊपर श्रीफल रखकर, ऊपर दक्षिणा एवं पुष्प रखकर, निम्न मंत्र बोलकर, श्रीफल देव को अर्पण करना ।

ॐ **याः** फलिनीर्**या** अफला अपुष्पा **या**श्च पुष्पिणीः।
बृहस्पति प्रसूतास्ता नो मुञ्चन्-वत्व (**घूं**) हसः॥

ह्रीं रक्ष रक्ष गणाध्यक्ष, रक्ष त्रैलोक्य रक्षक।
भक्तानाम्-अभयंकर्ता त्राता भव भवार्णवात्॥
द्वैमातुर कृपासिंधों, षाण्मातुरग्रज प्रभो।
वरद त्वं वरं देहि, वांछितं वांछितार्थद॥
अनेन फलदानेन फलदोऽस्तु सदा मम॥
ॐ भूर्भुवः स्वः। सि.बु.म.ग. नमः। विशेषार्घ्यं सम.॥

<u>प्रार्थना :</u> (हाथ जोड़कर, प्रार्थना करें)

ॐ नमो गणेभ्यो गणपतिभ्यश्च वो नमो नमो व्रातेभ्यो
व्रातपतिभ्यश्च वो नमो नमो गृत्सेभ्यो गृत्सपतिभ्यश्च
वो नमो नमो व्विरूपेभ्यो व्विश्वरूपेभ्यश्च वो नमः॥

ह्रीं विघ्नेश्वराय वरदाय सुरप्रियाय
लंबोदराय सकलाय जगद्धिताय।
नागाननाय श्रुतियज्ञविभूषिताय
गौरीसुताय गणनाथ नमो नमस्ते॥
भक्तार्तिना शनपराय गणेश्वराय
सर्वेश्वराय सुखदाय सुरेश्वराय।
विद्याधराय विकटाय च वामनाय
तेभ्यो गणेश वरदो भव नित्यमेव॥

नमस्ते ब्रह्मरूपाय विष्णुरूपाय ते नमः ।
नमस्ते रुद्ररूपाय, करिरूपाय ते नमः ॥
विश्वरूप स्वरूपाय नमस्ते ब्रह्मचारिणे ।
भक्तप्रियाय देवाय, नमस्तुभ्यं विनायक ॥
लंबोदर नमस्तुभ्यं सततं मोदकप्रिय ।
निर्विघ्नं कुरु मे देव, सर्वकार्येषु सर्वदा ॥

क्षमापनम् : (दोनों हाथ जोड़कर, क्षमायाचना करें)

आवाहनं न जानामि, न जानामि तवार्चनम् ।
पूजां चैव न जानामि, क्षमस्व परमेश्वर ॥
गतं पापं गतं दुःखं, गतं दारिद्यमेव च ।
आगता सुखसंपत्तिः पुण्योऽहं तवदर्शनात् ॥
मंत्रहीनं क्रीयाहीनं, भक्तिहीनं सुरेश्वर ।
यत्पूजितं मया देव, परिपूर्णं तदस्तु मे ॥
यदक्षर पदभ्रष्टं मात्राहीनं च यद् भवेत् ।
तत्सर्वं क्षम्यतां देव, प्रसीद परमेश्वर ॥
ॐ भूर्भुवः स्वः । सि.बु.म.ग. नमः । क्षमापनं सम. ॥
नमस्करोमि ॥

संकल्प : *अनया पूजया महागणपतिः प्रीयताम् न मम ॥*

***पुण्याहवाचन प्रयोग :* यजमान के बाईं और स्वास्तिक बनाकर, निम्न क्रिया करें ||**

***भूमिस्पर्श* : (दोनों हाथों से भूमि को स्पर्श करें)**

*ॐ महिद्यो: पृथिवि**ऽ**चन ईमं**य**ज्ञं मिमिक्षताम् |*
पिपृतान्नो भरीमभिः ||

ह्रीं विश्वाधारासि धरणि, शेषनागोपरि स्थिताः |
उधृतासि वराहेण, कृत्सेन शतबाहुना ||

***यवप्रक्षेप* :(स्वस्तिक के ऊपर थोड़े अक्षत रखें)**

*ॐ ओ**ष**धयः समवदन्त सोमेन सह राज्ञा |*
***य**स्मैकृणोती ब्राह्मणस्त(**घूं**) राजन्-पारयामसि ||*

ह्रीं यवोसि यवराजोसि, सर्वोत्पत्ति करः शुभः |
प्राणीनां जीवनोपाय, स्त्वां भूमौ स्थापयाम्यहम् ||

***कलशस्थापनम् :* निम्न मंत्र बोलकर, अक्षत के ऊपर पुण्याहवाचन का कलश स्थापन करें |**

ॐ आजीग्ध्र कलशम्मह्यात्त्वा विशन्-त्विन्दवः ।
पुनरूर्जा निवर्तस्-वसानः सहस्रन्धुक्ष्वोरु धारा पयस्वती पुनर्मा विशताद्रयिः ॥

ह्रीं हेम रोप्यादि संभूतं, ताम्रजं सुद्रढंनवम् ।
कलशं द्यौतौ कल्माषं, छिद्रवर्ण विवर्जितम् ॥

जलपूरणं : (कलश में जल भरें)

ॐ वरुणस्योत्तम्-भनमसि वरुणस्यस्-कम्भसर्जनी स्थो वरुणस्य ऋतसदन्यासि वरुणस्य ऋतसदनमसि वरुणस्य ऋतसदनमा सीद ॥

ह्रीं जीवनं सर्व जीवानां, पावनं पावनात्मकम् ।
बीजं सर्वौषधीनां च, तज्जलं पूरयाम्यहम् ॥

सूत्रवेष्टनम् : (कलश को मोली बांधे)

*ॐ **यु**वासुवासाः परिवी त**s**आगात्सो**s** श्रेयान् भवति जायमानः ।*
*तंधीरासः कवच**s** उन्न**य**न्ति स्वाध्यो मनसा देव**य**न्तः ॥*

ह्रीं सूत्रं कार्पासंभूतं, ब्रह्मणा निर्मितं पूरा ।
येन बद्धं जगतसर्वं, वेष्टनं कलशस्यतु ॥

गंधप्रक्षेप : (कलश में चन्दन का छिडकाव करें)

ॐ त्वां गन्धर्वा अखनंस्-त्वां-इन्द्रस्त्वां बृहस्पतिः।
त्वामोषधे सोमो राजा विद्वान् यक्ष्मा दमुच्यत॥

ह्रीं श्रीखंडं चन्दनं दिव्यं, गंधाढ्यं सुमनोहरम्।
मलयाचल संभूतं, कलशे प्रक्षिपाम्यहम्॥

धान्यप्रक्षेप : (कलश में अक्षत अर्पण करें)

ॐ धान्यमसि धिनुहि देवान्प्राणाय त्वोदानाय त्वा व्यानाय त्वा।
दीर्घामिनु प्रसितिमायुषेधां देवो वः सविता हिरण्यपाणिः
प्रति गृभ्णात्वछिद्रेण पाणिना चक्षुषे त्वा महीनां पयोऽसि॥

ह्रीं धान्यौषधि मनुष्याणां, जीवनं परमं स्मृतम्।
क्षिप्तं यत्कार्य संभूतं, कलशे प्रक्षिपाम्यहम्॥

औषधिप्रक्षेपम् : (कलश में हल्दी अर्पण करें)

ॐ या ओषधीः पूर्वा जाता देवेभ्यस्त्रियुगं पूरा।
मनैनु बभ्रूणामह (घूं) शतं धामानि सप्त च॥

ह्रीं ओषध्यः सर्ववृक्षाणां, तूण गुल्मलतादयः।
दूर्वासिषर्प सयुंकताः कलशे प्रक्षिपाम्यहम्॥

<u>दूर्वाप्रक्षेप</u> : (कलश में दूर्वा अर्पण करें)

ॐ काण्डात्काण्डात्प्ररोहन्ती पुरुषः परूषस्परि।
एवा नो दूर्वे प्रतनु सहस्रेण शतेन च॥

ह्रीं दूर्वा ह्यमृत संपन्ना, शतमूलां शतांकुराम्।
शतं पातक सम्हर्त्री, कलशे प्रक्षिपाम्यहम्॥

<u>पंचपल्लव प्रक्षेप</u> : (आसोपालव या आम के पाँच पत्ते)

ॐ अश्वत्थे वो निषदिनं पर्णे वो वसतिष्कृता।
गोभाज इत्किलासथ यत्सनवथ पूरुषम्॥

ह्रीं अश्वत्थो दूम्बर प्लक्ष, आम्रन्यग्रोध पल्लवः।
पंचभृंगा इति प्रोक्ताः, सर्वकर्म सुशोभनाः॥

<u>सप्तमृद् प्रक्षेप</u> : (मिट्टी कलश में अर्पण करें)

ॐ स्योना पृथिविनो भवानृक्षरा निवेशनी।
यच्छानः शर्मसप्रथाः॥

ह्रीं अश्वस्थानात् गजस्थानात्,वल्मीकात् संगमात् ह्रदात् ।
राजद्वारात् च गोगोष्ठात्, मृदमानीय निःक्षिपेत् ॥

फल प्रक्षेप : (सुपारी अर्पण करें)

*ॐ **याः** फलिनी**र्या** अफला अपुष्पा **याश्च** पुष्पिणिः ।*
*बृहस्पतिप्रसूतास्ता नो मुञ्चन्वत्व **(घूं)** हसः ॥*

ह्रीं पूगीफलं महद्दिव्यं पवित्रं पापनाशनम् ।
पुत्रपुत्रादि फलदं, कलशे प्रक्षिपाम्यहम् ॥

पंचरत्न प्रक्षेप : (अक्षत अर्पण करें)

*ॐ परि वाजपतिः कविरग्निर्हव्यान्य क्रमीत् । दधद्-रत्नानि दाशु**षे** ॥*

ह्रीं कनकं कुलिशं नीलं, पद्मरागं च मौक्तिकम् ।
एतानि पंचरत्नानि कलशे प्रक्षिपाम्यहम् ॥

हिरण्यप्रक्षेप : (दक्षिणा)

ॐ हिरण्यगर्भः समवर्तताग्रे भूतस्य जातः पतिरेक आसीत् ।
*स दाधार पृथिवीन्द्यामुते मांकस्मै देवाय हवि**षा** विधेम ॥*

ह्रीं हिरण्यगर्भ गर्भस्थं, हेमबीजे विभावसोः।
अनंत पुण्य फलदं, कलशे प्रक्षिपाम्यहं॥

इस कलश का थोड़ा जल, स्थापन के हर कलश में डालें।

<u>पूर्णपात्र स्थापनम्</u> : निम्न मंत्र बोलकर, लाल कपड़े से सुशोभित श्रीफल, कलश के ऊपर रखें।

ॐ पूर्णा दर्वि परापत सुपूर्णा पुनरापत।
*वस्नेव विक्रीणावहा इ**ष**मूर्ज **(घूं)**शतक्रतो॥*

ह्रीं पिधानं सर्व वस्तुनां, सर्वकार्यार्थ साधनम्।
सम्पूर्णः कलशो येन पात्रं तत् कलशोपरि॥

<u>कलश में वरुण आवाहन</u> : बाएँ हाथमें अक्षत रखें और निम्न मंत्र बोलकर, दो दाने कलश को अर्पण करें :

*ॐ तत्वा **या**मि ब्रह्मणा व्वन्दमानस्तदाशास्ते **य**जमानो हविर्भिः।*
*अहेडमानो व्वरुणेहबोध्युरुश **(घूं)** स मान आयुः प्रमो**षी**ः॥*
ॐ भूर्भुवः स्वः अस्मिन कलशे वरुणं सांगं सपरिवारं आवाहयामि।
बोलकर दो दाने अक्षत के कलश में अर्पण करें और बाद में निम्न मंत्र बोलकर, सभी दाने कलश में डाल दें॥

ॐ मनो जूतिर्जुषतामाज्यस्य बृहस्पतिर्य्यज्ञमिमं तनोत्वरिष्टं
यज्ञ (घूं) *समिमं दधातु।*
विश्वे देवास इह मादयन्तामो३म्प्रतिष्ठ॥

ह्रीं प्रतिष्ठा सर्वदेवानां, मित्रावरुणनिर्मिता।
प्रतिष्ठां ते करोम्यत्र, मंडले देवतैः सह॥
ॐ भूर्भुवः स्वः वरुणाय नमः। सुप्रतिष्ठो भव।

सर्वोपचारार्थे गंधाक्षत- पुष्पाणिं समर्पयामि। ***बोलकर, चंदनयुक्त पुष्प-अक्षत अर्पण करें।***

संकल्प : *अनया पूजया वरुणः प्रीयताम् न मम ॥*

कलश को स्पर्श कर, निम्न श्लोकों का पठन करें।

कलशस्य मुखे विष्णुः कंठे रुद्रः समाश्रितः।
मूले तत्र स्थितों ब्रह्मा, मध्ये मातृगणाः स्मृताः॥
कुक्षौ तु सागराः सर्वे, सप्तद्वीपा वसुंधरा।
ऋग्वेदोंऽथ यजुर्वेदः, सामवेदो ह्यथर्वणः॥
अंगैश्च सहिताः सर्वे, कलशाम्बु समाश्रिताः॥
अत्र गायत्री सावित्री, शान्तिः पुष्टिकरी तथा।
आयान्तु मम शांत्यर्थम् दुरितक्षयकारकाः॥

गंगे च यमुने चैव, गोदावरी सरस्वति।
नर्मदे सिंधो कावेरी, जलेऽस्मिन सन्निधिं कुरु॥
ब्रह्मांडोदरतीर्थानि, करैः स्पृष्टानि ते रवे।
तेन सत्येन मे देव, तीर्थं देहि दिवाकर॥

<u>कलश प्रार्थना</u> :

नमो नमस्ते स्फटिकप्रभाय, सुश्वेतहाराय सुमंगलाय।
सुपाशहस्ताय झशासनाय, जलाधिनाथाय नमो नमस्ते॥
पाशपाणे नमस्तुभ्यं, पद्मिनीजीव नायक।
पुण्याहवाचनं यावत्, तावत् त्वं सन्निधो भव॥

यजमान को वीरासन में बैठाकर, कमलमुद्रा करवाकर, यजमान के हाथ में कलश देकर, तीन बार निम्न मंत्र का उच्चारण कर, यजमान के कंधे और भाल पर स्पर्श कर नीचे रखना:

ॐ त्रिणी पदा विचक्रमे विष्णुर्गोपा अदाभ्यः।
अतो धर्माणि धारयन्।
ह्रीं दीर्घा नागा नद्यो गिरयस्त्रीणि विष्णुपदानि च॥
तेनायुः प्रमाणेन पुण्यं पुण्याहं दीर्घमायुरस्त्विति भवंतो ब्रुवन्तु॥

***दूसरा विप्र बोले** :*

तेनायुः प्रमाणेन पुण्यं पुण्याहं दीर्घमायुरस्तु॥

पश्चात, यजमान को सीधा बैठाकर, किसी विप्र के हाथमें पात्र देकर, यजमान द्वारा उसमें निम्न क्रिया करनी।

यजमान : *ब्राह्मणानां हस्ते सुप्रोक्षितमस्तु । शिवा आपः सन्तु।*

ब्राह्मण : *सन्तु शिवा आपः ॥* ***(जल देना)***

यजमान : *सौमनस्य मस्तु।*

ब्राह्मण : *अस्तु सौमनस्यम्।* ***(पुष्प देना)***

यजमान : *अक्षतं चारिष्टं स्तु ।*

ब्राह्मण : *अस्तु अक्षतं चारिष्टं च ॥* ***(अक्षत)***

यजमान : *गंधा पान्तु सौमंगल्यं चास्त्विति भवन्तो ब्रुवन्तु।*

ब्राह्मण *: इति भवंतो ब्रुवन्तु ॥* ***(चन्दन)***

यजमानः *अक्षताः पान्तु आयुष्य मस्त्विति भवंतो ब्रुवन्तु।*

ब्राह्मण : *इति भवंतो ब्रुवन्तु* ***(अक्षत)***

यजमान : *पुष्पाणि पान्तु सौश्रिय मस्त्विति भवंतो ब्रुवन्तु।*

ब्राह्मण : *इति भवंतो ब्रुवन्तु ॥* ***(पुष्प)***

यजमान : *तांबूलानि पान्तु ऐश्वर्य मस्त्विति भवंतो ब्रुवन्तु।*

ब्राह्मण : *इति भवंतो ब्रुवन्तु।* ***(पान)***

यजमान : *पूगीफलानी पान्तु बहुफल मस्त्विति भवंतो ब्रुवन्तु।*

ब्राह्मण : *इति भवंतो ब्रुवन्तु ॥* ***(सुपारी)***

यजमान : *दक्षिणाः पान्तु बहुदेयं चास्त्विति भवंतो ब्रुवन्तु।*

ब्राह्मण : *इति भवंतो ब्रुवन्तु।* ***(दक्षिणा)***

यजमान : *पुनरत्राः पान्तु स्वर्चित मस्त्विति भवंतो ब्रुवन्तु।*

ब्राह्मण : *इति भवंतो ब्रुवन्तु ॥* ***(पुनः जल)***

यजमान (हाथ जोड़कर) : *तेजश्रीर्यशो विद्या, विनयो, वित्तं,*
बहुपुत्रं,बहुधनं, चायुष्यं चास्त्विति भवंतो ब्रुवन्तु ।

ब्राह्मण, उस पात्र के जलका यजमान के ऊपर छिड़काव करते हुए, निम्न आशीर्वाद प्रदान करें ॥

तेजश्री: यशो, विद्या, विनयो, वित्तं, बहुपुत्रं, बहुधनं, चायुष्यं चास्तु, दीर्घमायुः, श्रेयः, शांतिः, पुष्टिः,तुष्टिः चास्तु ॥

यजमान : *यं कृत्वा सर्ववेदयज्ञ क्रियाकरण कर्म आरंभाः*
शुभाः शोभनाः प्रवर्तन्ते ।

ब्राह्मण : *प्रवर्तन्ताम् ॥*

यजमान : *तमहं ओंकारं कृत्वा ऋक् यजूः सामाथर्वाशीर्वचनं*
बहुऋषिसम्मतं समनुज्ञातं भवद्भिरनुज्ञातं पुण्यं पुण्याहं वाचयिष्ये ॥

ब्राह्मण *: वाच्यताम् ॥*

किसी विप्र के हाथ में अक्षत देकर, आचार्य निम्न आशीर्वाद मंत्र पढ़ें और विप्र, दो-दो दाने यजमान और यजमान पत्नी के ऊपर डालें।

*ॐ भद्रं कर्णेभिः श्रृणुयाम देवा भद्रं पश्येमाक्षभि**र्य्यत्राः*** *।*
*स्थिरैरंगैस्तुष्टुवा (**घूं**) सस्तनू भिर्व्यशेमहि देवहितं **य्य**दायुः ॥*

*देवानां भद्रा सुमतिर्ऋजूयताम् देवाना (**घुं**)रातिरभि नो निवर्तताम् ।*
*देवाना (**घुं**) सख्यमुपसेदिमा व्वयं देवा न आयुः प्रतिरन्तु जीवसे ॥*
*ॐ दीर्घायुस्त**ऽ** ओ**ष**धे खनिता **य**स्मै च त्वाखनाम्यहम् ।*
अथो त्वन्दीर्घायु भूत्वा शतवल्शा व्विरोहतात् ॥

यजमान : *व्रतजपनियमतपः स्वाध्याय क्रतुदयादमदान*
विशिष्टानां सर्वेषां ब्राह्मणानां मनसः समाधीयताम् ।

ब्राह्मण : *समाहित मनसः स्म ।*

यजमान *: प्रसीदंतु भवन्तः ।*

ब्राह्मण : (यजमान के ऊपर अक्षत चढ़ाते हुए)

प्रसन्नाः स्मः । शांतिरस्तु । पुष्टिरस्तु । तुष्टिरस्तु । वृद्धिरस्तु । अविघ्नमस्तु ।
आरोग्यमस्तु । आयुष्यमस्तु । शिवं कर्मास्तु । कर्मसमृद्धिरस्तु ।
वेदसमृद्धिरस्तु । शास्त्रसमृद्धिरस्तु । धनधान्यसमृद्धिरस्तु ।
पुत्र-पौत्र समृद्धिरस्तु । इष्टसम्पदस्तु ।
अब यजमानसे दूर अक्षत डालते हुए : *अरिष्टनिरसनमस्तु ।*
यत्पापं रोगं, अशुभम् कल्याणं तद्दूरे प्रतिहतमस्तु ।
फिर से अक्षत यजमान के ऊपर चढ़ाते हुए : *यच्छ्रेयस्तदस्तु ।*
उत्तरे कर्मणि निर्विघ्नमस्तु । उत्तरोत्तर महरहरभिवृद्धिरस्तु ।
उत्तरोत्तराः क्रियाः शुभाः शोभना सम्पद्यताम् । तिथिकरणमुहूर्त नक्षत्र
गृहलग्न संपदस्तु ॥

<u>उदकसेक :</u> यजमान तरभाणे मे दाहिना हाथ ढलता हुआ रखें और बाएँ हाथमे आचमनी रखकर, निम्न वचनान्ते, दाहिने हाथ पर जल चढ़ाएँ।

ॐ तिथिकरण मुहूर्तनक्षत्र गृहलग्नाधिदेवता: प्रियन्ताम्।
तिथिकरणे, समुहूर्ते,सनक्षत्रे, सग्रहे, साधिदेवते प्रियेताम्।
दुर्गापांचाल्यौ प्रियेताम् ।अग्निपुरोगा: विश्वेदेवा: प्रीयंताम्।
इंद्रपुरोगा मरुद्-गणाः प्रीयंताम्। माहेश्वरीपुरोगा उमामातर: प्रीयंताम्। अरुंधतिपुरोगा एकपतन्य: प्रीयंताम्। विष्णुपुरोगा सर्वे देवाः प्रीयंताम्। ब्रह्मपुरोगा सर्वे वेदाः प्रीयंताम्।
ब्रह्म च ब्राह्मणाश्च प्रीयंताम्। श्री सरस्वत्यै प्रीयेताम्।
श्रद्धामेघे प्रीयेताम्। भगवती कात्यायनी प्रीयेताम्।
भगवती माहेश्वरी प्रीयताम। भगवती पुष्टिकरी प्रीयताम। भगवती तुष्टिकरी प्रीयताम। भगवन्तौ विघ्नविनयकौ प्रीयेताम। सर्वाः कुलदेवता: प्रीयंताम्। सर्वाः ग्राम देवताः प्रीयंताम्। सर्वाः इष्ट देवताः प्रीयंताम् । ***अब तरभाने के बाहर जल छोड़ें।*** *हताश्च ब्रह्मद्विषंः। हताश्च परिपन्थनः। हताश्च विघ्नकर्तारि। सर्वेशत्रव: पराभवं यान्तु। शाम्यन्तु घोराणि। शाम्यन्तु पापानि। शाम्यन्त्वीतय:। शाम्यन्तूय द्रवा:।* ***अब फिर से जल तरभाने में छोड़ें।*** *शुभानि वर्धन्ताम्। शिवा आपः सन्तु। शिवा ऋतवः सन्तु। शिवा ओषधयः सन्तु। शिवा नद्य: सन्तु। शिवा गिरय: सन्तु। शिवा अतिथयः सन्तु। शिवा अग्नय: सन्तु। शिवा आहुतय: सन्तु। अहोरात्रे शिवे स्याताम्।*

वेदोक्त पूजन में निम्न मन्त्र पढ़कर ही आगे बढ़ें। पुराणोक्त पूजन में आवश्यकता नहीं है।

ॐ निकामे निकामे नः पर्जन्यो व्वर्षतु फलवत्यो न
ओषधयः पच्चयन्तां योगक्षेमो नः कल्पताम् ॥

शुक्रांगारकबुध बृहस्पति शनैश्चर राहुकेतु सोम सहिता आदित्य पुरोगाः सर्वे ग्रहाः प्रियांताम। भगवान नारायणः प्रीयताम। भगवान् पर्जन्यः प्रीयताम। भगवान स्वामीमहासेनः प्रीयताम।

यजमानहाथ जोड़कर ब्राह्मण से कहें : पुण्याहकालान् वाचयिष्ये ।
ब्राह्मण *: वाच्यताम्।*

<u>यजमान</u> *:,*

ब्राह्म्यं पुण्यं महद्यच्च सृष्ट्युत्पादनकारकम्।
वेदवृक्षोद्भवं नित्यं, तत्पुण्याहं बृवन्तु नः ॥

भो ब्राह्मणाः मह्यं सकुटुम्बिने महाजनान् नमस्कुर्वाणाय आशीर्वचनम् अपेक्षमाणाय मया शिवपूजन कर्मणः पुण्याहं भवन्तो बृवन्तु ।

<u>ब्राह्मण</u> *: अस्तु पुण्याहं* ***(तीन बार बोलते हुए यजमान के ऊपर अक्षत चढ़ाएं) वेदोक्त कर्म में निम्न मन्त्र बोलने के बाद आगे बढ़ें।***

ॐ पुनन्तु मा देवजनाः पुनन्तु मनसा धियः।
पुनन्तु विश्वा भूतानि जातवेदः पुनीहि मा ॥

यजमान :

पृथिव्या मुद्-धृतायां तु, यत्कल्याणं पूरा कृतम् ।
ऋषिभिः सिद्ध गंधर्वैस्-तत्कल्याणं ब्रुवन्तु नः ॥

भो ब्राह्मणाः मह्यं सकुटुम्बिने महाजनान् नमस्कुर्वणाय आशीर्वचनम्
अपेक्षमाणाय मया शिवपूजन कर्मणः कल्याणं भवन्तो बृवन्तु ।

ब्राह्मण : *अस्तु कल्याणम् ।* ***तीन बार बोलते हुए, यजमान के ऊपर अक्षत चढ़ाएं और वेदोक्त कर्म में निम्न मन्त्र बोलने के पश्चात्त आगे बढ़ें ।***

ॐ ***य****थेमां वाचं कल्याणी मावदानि जनेभ्यः ।*
*ब्रह्मराजन्याब्-भ्या(****घुं****) शूद्राय चा****र्या****य च स्वाय चारणाय च ।*
प्रियो देवानांदक्षिणायै दातुरिह भूयासम ***यम्मे****कामः*
समृद्धयता मुपमादो नमतु ॥

यजमान :

सागरस्य यथावृद्धिर्, महालक्ष्म्यादिभिः कृता ।
सम्पूर्णा सुप्रभावा च, तां च ऋद्धिं ब्रुवन्तु नः ॥

भो ब्राह्मणाः मह्यं सकुटुम्बिने महाजनान् नमस्कुर्वणाय आशीर्वचनम्
अपेक्षमाणाय मया शिवपूजन कर्मणः ऋद्धिं भवन्तो बृवन्तु ।

ब्राह्मण : *कर्म ऋद्ध्यताम्* ***। तीन बार बोलकर, यजमान पर अक्षत चढाने के बाद निम्न मन्त्र पढ़कर, आगे बढना ।***

ॐ सत्रस्य ऋद्धिरस्यगन्म ज्योतिरमृता अभूम ।
दिवं पृथिव्या अध्यारूहामाविदाम देवान्स्वर्ज्योतीः ॥

<u>यजमान :</u>

स्वस्तिस्तु पाविनी साक्षात्, धर्मकल्याण वृद्धिदा।
विनायक प्रिया नित्यं, तां च स्वस्तिं ब्रुवन्तु नः॥

भो ब्राह्मणाः मह्यं सकुटुम्बिने महाजनान् नमस्कुर्वाणाय आशीर्वचनम्
अपेक्षमाणाय मया शिवपूजन कर्मणे स्वस्तिं भवन्तो बृवन्तु ।

<u>ब्राह्मण :</u> *आयुष्यमते स्वस्ति।* ***तीन बार बोलकर, यजमान पर अक्षत चढाने के बाद निम्न मन्त्र पढ़कर आगे बढ़ें।***

ॐ स्वस्ति न इन्द्रो वृद्धश्रवाः स्वस्ति नः पूषा विश्ववेदाः।
स्वस्ति नस्ताक्ष्र्यो अरिष्टनेमिः स्वस्ति नो बृहस्पतिर्दधातु॥

<u>यजमान</u> :

समुद्रमथनाज्जता, जगदानन्दकारिका।
हरिप्रिया च मांगल्या, तां श्रियं च ब्रुवन्तु नः॥

भो ब्राह्मणाः मह्यं सकुटुम्बिने महाजनान् नमस्कुर्वाणाय आशीर्वचनम्
अपेक्षमाणाय मया शिवपूजन कर्मणः श्रीरस्त्विति भवन्तो बृवन्तु ।

<u>ब्राह्मण :</u> *अस्तु श्रीः।* ***तीन बार बोलते हुए यजमान पर अक्षत छिडके एवं निम्न मन्त्र पढ़ें।***

ॐ श्रीश्च ते लक्ष्मीश्च पत्न्या वहोरात्रे पार्श्वे नक्षत्राणि
रूपमश्विनौ व्यात्तम्।
इष्णान्निषाणामुं म इषाण सर्वलोकं म इषाण॥

<u>संकल्प</u> : *अनेन पुण्याहवाचनेन प्रजापतिः प्रीयताम् न ममः॥*

<u>यजमान</u> : *अस्मिन पुण्याहवाचने न्यूनतारिक्तो यो विधिः स उपविष्ट ब्राह्मणानां वचनात् श्रीमहागणपति प्रसादाच्च परिपूर्णोस्तु ।*

<u>ब्राह्मण</u> *: अस्तु परिपूर्णः*

<u>अभिषेकम् :</u>

अभिषेक के दरम्यान यजमान पत्नी को बाईं और बैठाकर, आचार्य निम्न मन्त्र पढ़े तथा अन्य कोई ब्राह्मण, पुण्याहवाचन के कलश के पानी का, दूर्वा या आमके पत्तों से, यजमान और यजमान पत्नी के ऊपर छिडकाव करें।

*ॐ पयः पृथिव्यां पय ओ**ष**धी**षु** पयो दिव्यंतरिक्षे पयो धाः ।*
पयस्वतीः प्रदिशः सन्तु मह्यम् ॥

*ॐ पञ्च नद्यः सरस्वतीमपि **य**न्ति सस्रोतसः ।*
सरस्वती तु पंचधा सो देशेऽभवत्सरित् ॥

ॐ पुनन्तु मा देवजनाः पुनन्तु मनसा धियः ।
पुनन्तु विश्वा भूतानि जातवेदः पुनीहि मा ॥

ॐ विश्वानि देव सवितर्दुरितानि परा सुव ।
***य**द्भद्रं तन्न आसुव ॥*

*ॐ द्यौः शान्तिरन्तरिक्ष **(घूं)** शान्तिः पृथिविशान्तिरापः*
शान्तिरोषधयः शान्तिः ।
*वनस्पतयः शान्तिर्विश्वे देवाः शान्तिर्ब्रह्म शान्तिः सर्व **(घूं)***
शान्तिः शान्तिरेवशान्तिः सा मा शान्तिरेधि ॥

ॐ **यतो यतः** समीहसे ततो नो अभयं कुरु ।
शं नः कुरु प्रजाभ्योऽभयं नः पशुभ्यः ॥

पौराणिक आशीर्वाद

स्वस्त्यस्तु ते कुशलमस्तु । चिरायु रस्तु । गोवाजिरस्तु । धनधान्य समृद्धिरस्तु ।
ऐश्वर्यमस्तु । बलमस्तु । रिपुक्षयोऽस्तु । वंशे सदैव भवतां हरिभक्तिरस्तु ॥
सर्वेऽत्र सुखिनः सन्तु, सर्वे सन्तु निरामया ।
सर्वे भद्राणि पश्यन्तु, मा कश्चिद् दुःखमाप्नुयात् ॥
यत्ते केशेषु दौर्भाग्यं, सीमन्ते यच्च मूर्धनी ।
ललाटे कर्णयो रक्षणो, रापो निघ्नन्तु ते सदा ॥
यावद् भागीरथी गंगा, यावद् देवो महेश्वरः ।
यावद् वेदा प्रवर्तन्ते, तावद् त्वं विजयी भवः ॥
ॐ शान्तिः शान्तिः शान्तिः ॥

संकल्प : अभिषेक कर्तुभ्यो ब्राह्मणेभ्यो यथोत्साहं दक्षिणां दास्ये
तेन कर्माधीशः प्रीयताम् ॥

आचार्यादि का वरण :

संकल्प : अद्य पूर्वोच्चारित शुभपुण्य तिथौ अस्मिन शिवपूजन/लघुरुद्र कर्मणि आचार्यादी ऋत्विजां वरणं अहं करिष्ये ॥

यजमान हाथमें जल और सुपारी लेकर बोलें :
अमुक गोत्रोत्पन्नोऽहं सपत्नीको यजमानोहं (**यजमान का नाम**)अमुक गोत्र, प्रवर, शाखा ध्यायिनं (**आचार्य का नाम**) शर्माणं ब्राह्मणं अस्मिन लघुरुद्र/शिवपूजन कर्मणि आचार्यत्वेन त्वामहं वृणे ।

आचार्य : वृतोस्मि | **बोलकर, यजमान द्वारा दी हुई सुपारी हाथ में लेते हुए निम्न मन्त्र का पठन करें |**

ॐ व्रतेन दीक्षामाप्नोति दीक्षयाऽऽप्नोति दक्षिणाम् |
दक्षिणा श्रद्धामाप्नोति श्रध्दया सत्यमाप्यते ||

यजमान आचार्य को निम्न मन्त्रों से तिलक करें एवं मोली बांधे |

ॐ स्वस्ति न इन्द्रो वृद्धश्रवाः स्वस्ति नः **पूषा** विश्ववेदाः |
स्वस्ति नस्ताक्ष्योऽअरिष्टनेमिः स्वस्ति नो बृहस्पतिर्दधातु ||

ह्रीं स्वस्तिस्तु याऽ विनाशाख्या, धर्मकल्याण वृद्धिदा |
विनायक प्रिया नित्यं, तां च स्वस्तिं ब्रुवन्तु नः ||

कंकण बंधनम् : निम्न मंत्र से आचार्य को मोलि बांधे :

ॐ **य**दाबघ्नन्दाक्षायणा हिरण्य(**घूं**) शतानीकाय सुमनस्यमानाः |
तन्मऽ आबघ्नामि शतशारदाः **या**युष्मान् **य**रदष्टिर्यथासम् ||

ह्रीं येन बद्धो बलीराजा, दानवेन्द्रो महाबल |
तेन त्वामनुबध्नामि, रक्षे मा चल मा चल ||

यजमान : आचार्य को दक्षिणा देकर निम्न प्रार्थना करें |

ह्रीं आचार्यस्तु यथा स्वर्गे, शक्रादीनां बृहस्पतिः |
तथा त्वं मम यज्ञेस्मिन, आचार्यो भव सुव्रत ||

आचार्य : भवामि |

यजमान निम्न मन्त्रों से दूसरे विप्रों का भी तिलक, मोलिबंधन कर, दक्षिणा दें। दरम्यान, आचार्य निम्न मन्त्रों का पठन करें।

ह्रीं ब्राह्मणाः सन्तु मे शस्ताः, पापात्पान्तु समाहिताः।
वेदानां चैव दातारः, पातारः सर्वदेहिनाम्॥
जपयज्ञैस्तथा होमैर्, दानैश्च विविधैः पुनः।
देवानां च ऋषिणां च, तृप्त्यर्थं याजकाः कृताः॥
येषां देहे स्थिता वेदाः, पावयन्ति जगत्रयम्।
रक्षन्तु सततं तेषां, जपयज्ञैर्व्यवस्थिताः॥
ब्राह्मणाः जंगमं तीर्थं, त्रिषु लोकेषु विश्रुतम्।
येषां वाक्यो दकेनैव, शुद्ध्यन्ति मलिना जनाः॥

<u>अथः आचार्य कर्मः</u> : हाथमें सरसों रखकर, निम्न मन्त्र बोलकर, चारों और बिखेर दें।

<u>संकल्प</u> : *अद्य पूर्वोच्चरित शुभ पुण्यतिथौ यजमानेन वृतोऽहं आचार्यकर्म अहं करिष्ये।*

अपसर्पन्तु ते भूता, ये भूता भूमिसंस्थिता।
ये भूता विघ्नकर्तारि, स्ते नश्यंतु शिवाज्ञया॥
अपक्रामंतु भूतानि पिशाचाः सर्वतो दिशम्।
सर्वेषामविरोधेन पूजाकर्म समारभे॥
यदत्र संस्थितं भूतं स्थानमाश्रित्य सर्वतः।
स्थानं त्यक्त्वा तु तत्सर्वं, यत्रस्थं तत्र गच्छतु॥
भूतप्रेतपिशाचाद्या, अपक्रामन्तु राक्षसाः।
स्थानादस्माद् व्रजन्त्वन्यत्, स्वीकरोमी भुवं त्विमाम्॥
भूतानि राक्षसा वापि, येऽत्र तिष्ठन्ति केचन।
ते सर्वेऽप्य पगच्छन्तु, पूजाकर्म करोम्यहं॥

<u>हनुमानजी पूजन :</u> निम्न मन्त्र बोलकर, चन्दन-अक्षत-पुष्प चढ़ाएं।

ॐ अस्मे रुद्रा मेहना पर्वतासो वृतहत्ये भरहूतौ सुजोषाः ।
यः श(घूं)सते स्तुवते धायि पज्र इन्द्रज्येष्ठा अस्माँ२ अवन्तु देवाः ॥

ह्रीं मनोजवं मारुततुल्य वेगं, जितेन्द्रियं बुद्धिमतां वरिष्ठं।
वातात्मजं वानरयूथमुख्यं, श्रीरामदूतं शरणं प्रपद्ये॥
ॐ भूर्भुवः स्वः। हनुमंतायै नमः।
सर्वोपचारार्थे गंधाक्षतपुष्पाणि समर्पयामि॥ नमस्करोमि॥

<u>नंदी पूजन</u> : निम्न मन्त्र पढ़कर, चन्दन-अक्षत-पुष्प चढ़ाएं।

ह्रीं सुरभिनन्दन शुभ वस्त्रकं, नीलपुच्छकं स्वर्गभूषणं।
ककुदर रम्यकं शंकरप्रियं, विश्ववंदितं नंदीनं भजे॥
ॐ भूर्भुवः स्वः। नंद्यै नमः।
सर्वोपचारार्थे गंधाक्षतपुष्पाणि समर्पयामि। नमस्करोमि॥

<u>कुर्म पूजन :</u> निम्न मन्त्र पढ़कर, चन्दन-अक्षत-पुष्प चढ़ाएं.।

ॐ यस्य कुर्मो गृहे हविस्तमग्ने व्वर्धया त्वम्।
तस्मै देवाऽ अधिब्रवन्न यज्ञ ब्रह्मणस्पतिः॥
ॐ कुर्मै नमः। सर्वोपचारार्थे गन्ध-अक्षत-पुष्पाणि समर्पयामि॥

<u>नवग्रह पूजनम्</u> :नवग्रह स्थापन के पूर्णपात्र को नवग्रह यंत्र या सुपारी के साथ यजमान के सामने रखकर, निम्न मन्त्रों से स्थापित करें॥

<u>सूर्य</u> :

ॐ आकृष्णेन रजसा वर्तमानो निवेशयन्नमृतं मर्त्यं च।
हिरण्ययेन सविता रथेना देवो याति भुवनानि पश्यन्॥
ॐ भूर्भुवः स्वः। श्री सूर्याय नमः। सूर्यं आवाहयामि स्थापयामि॥

चन्द्र :

ॐ इमं देवा असपत्न(घूं) सुवध्वं महते क्षत्राय महते
ज्यैष्ठाय महते जानराज्यायेन्द्रस्येन्द्रियाय ।
इमममुष्य पुत्रममुष्यै पुत्रमस्यै विश एष वोऽमि राजा
सोमोऽस्माकं ब्राह्मणाना(घूं) राजा ॥
ॐ भूर्भुवः स्वः । चन्द्राय नमः । चन्द्रं आवाहयामि स्थापयामि ॥

भोम :

ॐ अग्निर्मूर्धा दिवः ककुत्पतिः पृथिव्या अयम् ।
अपा(घुं) रेता(घुं)सि जिन्वति ॥
ॐ भूर्भुवः स्वः । भोमाय नमः । भोमम् आवाहयामि स्थापयामि ॥

बुध :

ॐ उद्बुध्यस्वाग्ने प्रति जागृहि त्वमिष्टापूर्ते स(घूं) सृजेतामयं च ।
अस्मिन्त्सधस्थे अध्युत्तरस्मिन विश्वे देवा यजमानश्च सीदत ॥
ॐ भूर्भुवः स्वः । बुधाय नमः । बुधम् आवाहयामि स्थापयामि ॥

बृहस्पति :

ॐ बृहस्पते अति यदर्यो अर्हाद् द्युमद् विभाति क्रतुमज्जनेषु ।
यद्दीदयच्छवस ऋतप्रजात तदस्मासु द्रविणं धेहि चित्रम् ॥
ॐ भूर्भुवः स्वः । बृहस्पतये नमः । बृहस्पतिम् आ. स्था. ॥

शुक्र :

ॐ अन्नात्परिस्रुतो रसं ब्रह्मणा व्यपिबत् क्षत्रं पयः सोमं प्रजापतिः ।
ऋतेन सत्यमिन्द्रियं विपान(घूं) शुक्रमन्धस
इन्द्रस्येन्द्रियमिदं पयोऽमृतं मधु ॥
ॐ भूर्भुवः स्वः । शुक्राय नमः । शुक्रम् आवाहयामि स्थापयामि ॥

शनि :

ॐ शं नो देवीरभिष्टय आपो भवन्तु पीतये।

*शं **यो**रभि स्रवन्तु नः॥*

ॐ भूर्भुवः स्वः। शनिश्चराय नमः। शनिश्चरम् आ. स्था.॥

राहू :

ॐ कया नश्चित्र आ भुवद्रूती सदावृधः सखा।

कया शचिष्ठया वृता॥

ॐ भूर्भुवः स्वः। राहवे नमः। राहुम् आवाहयामि स्थापयामि॥

केतु :

*ॐ केतुं कृणवन्नकेतवे पेशो म**र्या** अपेशसे। समु**ष**द्भिरजा**य**थाः॥*

ॐ भूर्भुवः स्वः केतवे नमः। केतुम् आवाहयामि स्थापयामि॥

ॐ भूर्भुवः स्वः ब्रह्माम् आवाहयामि स्थापयामि॥

ॐ भूर्भुवः स्वः विष्णुम् आवाहयामि स्थापयामि॥

ॐ भूर्भुवः स्वः। रुद्रम् आवाहयामि स्थापयामि॥

ॐ भूर्भुवः स्वः। इन्द्रादि दश दिक्पालम् आवाहयामि स्थापयामि॥

ॐ भूर्भुवः स्वः। आदित्यादि नवग्रहमंडल देवताभ्यो नमः।

सर्वोपचारार्थे गंधाक्षतपुष्पाणिं समर्पयामि॥

धुपं-दीपं-नैवेद्यं-फलं-ताम्बूलं-दक्षिणां समर्पयामि। नमस्करोमि॥

शिव पूजनम्

शिवलिंग को यजमान के सामने तरभाने में रखें। बाण (योनी) का मुख उत्तर दिशा और सर्प का मुख पश्चिम दिशा में हो।

ध्यान

ह्रीं ध्यायेत् नित्यं महेशं रजतगिरिनिभं, चारुचंद्रा वतंसं
रत्नाकल्पो ज्वलाङ्गं परशुमृगवरा, भीतिहस्तं प्रसन्नम्।
पद्मासीनं समन्तात् स्तुतममरगणैः, व्याघ्रकृत्तिं वसानं
विश्वाद्यं विश्ववन्द्यं निखिलभयहरं, पञ्चवक्त्रम् त्रिनेत्रम॥
ॐ भूर्भुवः स्वः। श्रीसाम्बसदाशिव महारुद्राय नमः। ध्यायामि॥

आवाहनम् : निम्न मन्त्र बोलकर, एक पुष्प अर्पण करें।

ॐ नमस्ते रूद्र मन्यवऽ उतोऽ तऽ इषवे नमः।
बाहुभ्यामुत ते नमः॥
ॐ भूर्भुवः स्वः। श्रीसाम्बसदाशिव महारुद्राय नमः। आवाहयामि॥

आसनम् : आसन हेतु अक्षत अर्पण करें।

या ते रूद्र शिवा तनूरघोराऽपापकाशिनी।
तया नस्तन्वा शन्तमया गिरीशन्ताभि चाकशीहि॥
ॐ भूर्भुवः स्वः। श्रीसाम्बसदाशिव महारुद्राय नमः।
आसनं समर्पयामि॥

पाद्यम् : पैर धोने की भावना से आचमनी जल अर्पण करें।

यामिषुं गिरिशन्त हस्ते बिभर्ष्यस्तवे।
शिवां गिरित्र तां कुरु मा हि(**घुं**)सीः पुरु**षं** जगत्॥
ॐ भूर्भुवः स्वः। श्रीसाम्बसदाशिव महारुद्राय नमः। पाद्यम् समर्पयामि॥

हस्तयो अर्घ्यम् : अर्घ्य अर्पण करें।

ॐ शिवेन वचसा त्वा गिरिशाच्छा वदामसि।
यथा नः सर्वमिज्जगदयक्ष्म(**घूं**) सुमना असत्॥
ॐ भूर्भुवः स्वः। श्रीसाम्बसदाशिव महारुद्राय नमः।
हस्तयोः अर्घ्यम् समर्पयामि॥

अर्घ्यान्ते आचमनीयम् : एक आचमनी जल छोड़ें।

ॐ अध्यवोचदधिवक्ता प्रथमो दैव्यो भि**ष**क्।
अहींश्च सर्वाञ्जम्भयन्त्सर्वाश्च **या**तुधान्योऽधराचीः परा सुव॥
ॐ भूर्भुवः स्वः। श्रीसाम्बसदाशिव महारुद्राय नमः।
आचमनीयं समर्पयामि॥

पंचामृत स्नानम् :

ॐ पञ्च नद्यः सरस्वतीमपि **य**न्ति सस्रोतसः।
सरस्वती तु पंचधा सो देशेऽभवत्सरित्॥
ॐ भूर्भुवः स्वः। श्रीसाम्बसदाशिव महारुद्राय नमः।
पंचामृत स्नानं समर्पयामि॥

गंधोदक स्नानम् : चन्दन मिश्रित जल अर्पण करें।

ॐ गन्धर्वस्त्वा विश्वावसुः परिदधातु विश्वस्यारिष्ट्यै।
यजमानस्य परिधिरस्यग्निरिड ईडितः॥

ॐ भूर्भुवः स्वः | श्रीसाम्बसदाशिव महारुद्राय नमः |
गंधोदक स्नानं समर्पयामि | गंधोदक स्नानान्ते शुद्धोदक स्नानं सम. ||
शुद्धोदक स्नानान्ते आचमनीयं सम. ||

उद्वर्तन स्नानम् : **(अत्तर से स्नान कराएं)**

ॐ अ (**घूं**) शुना ते अ (**घूं**) शुः पृच्यतांपरु**षा** परु |
गन्धस्ते सोममवतु मदाय रसो अच्युतः ||
ॐ भूर्भुवः स्वः | श्रीसाम्बसदाशिव महारुद्राय नमः | उद्वर्तन स्नानं समर्पयामि |
उद्वर्तन स्नानान्ते शुद्धोदक स्नानं समर्पयामि
शुद्धोदक स्नानान्ते आचमनीयं समर्पयामि ||
सर्वोपचारार्थे गंधाक्षतपुष्पाणि समर्पयामि ||

संकल्प : अनेन पंचामृत पूर्वाराधनेन महारुद्रः प्रीयताम् ||

अब अर्पित पुष्प, निर्माल्य के रूप में हाथ में लेकर, सूंघकर, बाईं और विसर्जित करें तथा "अभिषेकार्थे पुनः गन्ध-पुष्पं समर्पयामि" **बोलकर पुनः चन्दन-पुष्प अर्पण करें | बाद में निम्न मन्त्रों से न्यास कर, जल या दुग्ध से शिवलिंग के ऊपर अभिषेकधारा करें :**

षडन्यासाः

ॐ मनो जूतिर्जु**ष**तामाज्यस्य बृहस्पतिर्**य्य**ज्ञमिमंतनोत्वरिष्टं
यज्ञ (**घूं**) समिमंदधातु | विश्वेदेवासऽ इहमादयन्तामोऽम्प्रतिष्ठ ||
ॐ हृदयाय नमः ||

ॐ अबोद्ध्यग्निः समिधा जनानाम्प्रति धेनुमिवायतीमु**षा**सम् |
जह्वाऽईवप्प्रवया मुज्जिहानाः प्प्रभानवः सिस्रते नाकमच्छ ||
ॐ शिरसे स्वाहा ||

ॐ मूर्द्धानन्दिवोऽ अरतिम्पृथिव्या वैश्वानरमृतऽ आजातमग्निम् ।
*कवि(**घूं**) सम्राजमतिथि ञ्जनानामासन्ना पात्रञ्जनयन्त देवाः ॥*
*ॐ शिखायै व**ष**ट् ॥*

ॐ मर्माणि ते वर्मणा छादयामि सोमस्तवा राजाऽमृतेनानुवस्ताम् ।
उरोर्वरीयो वरुणस्ते कृणोतु जयन्तन् त्वाऽनु देवा मदन्तु ॥
ॐ कवचाय हुम् ॥

ॐ विश्वतश्चक्षुरुत विश्वतोमुखो विश्वतोबाहुरुत विश्वतस्पात् ।
सं बाहुभ्यां धमति सं पतत्रैर्द्यावाभूमि जनयन् देव एकः ॥
*ॐ नेत्रत्रयाय वौ**ष**ट् ।*

*ॐ मा नस्तोके तनयेमा न आयु**षि**मा नो गो**षु** मा नो अश्वे**षु** रीरि**ष**: ।*
मा नो वीरान् रूद्र भामिनो वधीर्हविष्मन्तः सदमित् त्वा हवामहे ॥
ॐ अस्त्राय फट् ॥

*धारापात्र पूजयेत् । जलं पूरयेत् । धारापात्रयै नमः । सकलोपचारार्थे गंधाक्षतपुष्पाणि समर्पयामि ॥ दुग्धं क्षिपेत् ॥ (**धारापात्र में जल डालकर, चन्दन-अक्षत-पुष्प समर्पित करें एवं दूध डालकर निम्न आठ अध्याय पूर्ण हो तब तक अभिषेक करें) ॥***

।। प्रथमोऽध्याय ।।

हरिः ॐ गणानांत्वा गणपति (घूं) हवामहे प्रियाणां त्वा प्रियपति (घूं) हवामहे
निधीनान्त्वा निधिपति (घूं) हवामहे वसो मम।
आहमजानि गर्भधमा त्वमजासि गर्भधम् ।।

ॐ गायत्री त्रिष्टुब जगत्यनुष्टुप् पङ्‌क्त्यासह।
बृहत्युष्णिहा ककुप्सूचीभिः शम्यन्तु त्वा ।।

ॐ द्विपदा **याश्च**तुष्पदा स्त्रिपदा **याश्च षट्**पदाः।
विच्छन्दा **याश्च** सच्छन्दाः सूचीभिः शम्यन्तु त्वा ।।

ॐ सहस्तोमाः सहच्छन्दसऽ आवृतः सहप्रमाऽ ऋ**षयः** सप्त दैव्याः।
पूर्वे**षां** पन्थामनुदृश्य धीरा अन्वालेभिरे रथ्यो न रश्मीन् ।।

ॐ **यज्जा**ग्रतो दूरमुदैति दैवं तदु सुप्तस्य तथैवैति।
दूरङ्गमं ज्योति**षां** ज्योतिरेकं तन्मे मनः शिवसंकल्पमस्तु ।।

ॐ **येन** कर्माण्यपसो मनी**षि**णो **यज्ञे** कृण्वन्ति विदथे**षु** धीराः।
यदपूर्वं **य**क्षमन्तः प्रजानां तन्मे मनः शिवसंकल्पमस्तु ।।

ॐ **यत्**प्रज्ञानमुत चेतो धृतिश्च **य**ज्ज्योतिरन्तरमृतं प्रजासु।
यस्मान्न ऋते किं चन कर्म क्रियते तन्मे मनः शिवसंकल्पमस्तु ।।

ॐ **ये**नेदं भूतं भुवनं भविष्यत् परिगृहीतममृतेन सर्वम्।
येन यज्ञस्तायते सप्तहोता तन्मे मनः शिवसंकल्पमस्तु ।।

*ॐ **यस्मि**न्नृचः साम **यजू(घुं)षि य**स्मिन् प्रतिष्ठिता रथनाभाविवाराः ।*
***यस्मिं**श्चित्त**(घूं)** सर्वमोतं प्रजानां तन्मे मनः शिवसंकल्पमस्तु ॥*

*ॐ सु**षा**रथिरश्वानिव **य**न्मनुष्यान्नेनीयतेऽभीशुभिर्वाजिन इव ।*
*हृत्प्रतिष्ठं **य**दजिरं जविष्ठं तन्मे मनः शिवसंकल्पमस्तु ॥*

॥ इति प्रथमोऽध्यायः ॥

॥ द्वितीयोऽध्याय ॥

ॐ सहस्रशीर्षा पुरुषः सहस्राक्षः सहस्रपात् ।
स भूमि(घूं) सर्वत स्पृत्वाऽ त्यतिष्ठद्द शाङ्गुलम् ॥

ॐ पुरुष एवेद(घूं) सर्वं यद्भूतं यच्च भाव्यम् ।
उतामृतत्वस्ये शानो यदन्ने नातिरोहति ॥

ॐ एतावानस्य महिमातो ज्यायाँश्च पुरुषः ।
पादोऽस्य विश्वा भूतानि त्रिपादस्यामृतं दिवि ॥

ॐ त्रिपादूर्ध्व उदैत्पुरुषः पादोऽस्येहाभवत् पुनः ।
ततो विष्वङ् व्यक्रामत्साशनानशने अभि ॥

ॐ ततो विराडजायत विराजो अधि पुरुषः ।
स जातो अत्यरिच्यत पश्चाद् भूमिमथो पुरः ॥

ॐ तस्माद्यज्ञात्सर्वहुतः सम्भृतं पृषदाज्यम् ।
पशूँस्ताँश्चक्रे वायव्यानारण्या ग्राम्याश्च ये ॥

ॐ तस्माद्यज्ञात् सर्वहुत ऋचः सामानि यज्ञिरे ।
छंदा(घुं)सि जज्ञिरे तस्माद्यजुस्तस्मादजायत ॥

ॐ तस्मादश्वा अजायन्त ये के चोभयादतः ।
गावो ह जज्ञिरे तस्मात्तस्माज्जाता अजावयः ॥

ॐ तं यज्ञं बर्हिषि प्रौक्षन् पुरुषं जातमग्रतः ।
तेन देवा अयजन्त साध्या ऋषयश्च ये ॥

ॐ **यत्पुरुषं** व्यदधुः कतिधा व्यकल्पयन् ।
मुखं किमस्यासीत् किं बाहू किमूरू पादा उच्येते ॥

ॐ ब्राह्मणोस्य मुखमासीद्बाहू राजन्यः कृतः ।
ऊरू तदस्य **यद्वै**श्यः पद्भ्यां**(घुं)**शूद्रो अजायत ॥

ॐ चन्द्रमा मनसो जातश्चक्षोः सू**र्यो** अजायत ।
क्षोत्राद्वायुश्च प्राणश्च मुखादग्निरजायत ॥

ॐ नाभ्याऽ आसीदन्तरिक्ष**(घुं)** शीर्ष्णो द्यौः समवर्तत ।
पद्भ्यां भूमिर्दिशः क्षोत्रात्तथा लोकाँ**२** अकल्पयन् ॥

ॐ **यत्**पुरू**षे**ण हवि**षा** देवा **य**ज्ञमतन्वत ।
वसन्तोऽस्यासीदाज्यं ग्रीष्म इध्मः शरद्धविः ॥

ॐ सप्तास्यान् परिधयस्त्रिः सप्त समिधः कृताः ।
देवा **य**द्यज्ञं तन्वाना अबध्नन् पुरु**षं** पशुम् ॥

ॐ यज्ञेन **य**ज्ञमयजन्त देवास्तानि धर्माणि प्रथमान्यासन् ।
ते ह नाकं महिमानः सचन्त **य**त्र पूर्वे साध्याः सन्ति देवाः ॥

ॐ अद्भ्यः सम्भृतः पृथिव्यै रसाच्च विश्वकर्मणः समवर्तताग्रे ।
तस्य त्वष्टा विदधद्रूपमेति तन्मर्त्यस्य देवत्वमाजानमग्रे ॥

ॐ वेदाहमेतं पुरुषं महान्तमादित्यवर्णं तमसः परस्तात् ।
तमेव विदित्वाति मृत्युमेति नान्यः पन्था विद्यतेयनाय ॥

ॐ प्रजापतिश्चरति गर्भे अन्तरजायमानो बहुधा वि जायते ।
तस्य **यो**निं परि पश्यन्ति धीरास्तस्मिन ह तस्थुर्भुवनानि विश्वा ॥

***ॐ यो** देवेभ्यो आतपति **यो** देवानां पुरोहितः ।*
*पूर्वो **यो** देवेभ्यो जातो नमो रुचाय ब्राह्मये ॥*

ॐ रुचं ब्राह्मं जनयन्तो देवा अग्रे तदब्रुवन् ।
***य**स्त्वैवं ब्राह्मणो विद्यातस्य देवा असन् वशे ॥*

श्रीश्चते लक्ष्मीश्च पत्न्यावहोरात्रे पार्श्वे नक्षत्राणि रूपमश्विनो व्यात्तम् ।
*इष्णन्नि**षाण**ामुं म इ**षाण** सर्वलोकं इ**षाण** ॥*

॥ इति द्वितीयोऽध्यायः ॥

|| तृतीयोऽध्याय ||

ॐ आशु : शिशानो वृ**ष**भो न भीमो धनाधनः क्षोभणश्च**र्ष**णीनाम् ।
संक्रन्दनोऽनिमि**ष** एकवीरः शत(**घूं**) सेना अयजत् साकमिन्द्रः ॥

ॐ संक्रन्दनेनानिमि**षे**ण जिष्णुना **यु**त्कारेण दुश्च्यवनेना धृष्णुना ।
तदिन्द्रेण जयत तत्सहध्वं **यु**धो नर इ**षु**हस्तेन वृष्णा ॥

ॐ स इ**षु**हस्तैः स नि**ष**ङ्गिभिर्वशी स(**घूं**)स्रष्टा स युधऽ इन्द्रो गणेन ।
स(**घूं**)सृष्टजित्सोमपा बाहुशर्ध्युग्रधन्वा प्रतिहिताभिरस्ता ॥

ॐ बृहस्पते परि दीया रथेन रक्षोहाऽमित्राँ**२** अपबाधमानः ।
प्रभञ्जन्त्सेनाः प्रमृणो **यु**धा जयन्नस्मा कमेध्यविता रथानाम् ॥

ॐ बलविज्ञाय स्थविरः प्रवीरः सहस्वान् वाजी सहमान उग्रः ।
अभिवीरो अभिसत्वा सहोजा जैत्रमिन्द्र रथ मा तिष्ठ गोवित ॥

ॐ गोत्रभिदं गोविदं वज्रबाहूं जयन्तमज्म प्रमृणन्तमोजसा ।
इम(**घूं**) सजाता अनु वीरयध्वमिन्द्र(**घूं**) सखायो अनु स(**घूं**) रभध्वम् ॥

ॐ अभि गोत्राणि सहसा गाहमानोऽदयो वीरः शतमन्युरिन्द्रः ।
दुश्च्यवनः पृतना**षा**डयुध्योऽस्माक(**घूं**) सेना अवतु प्र युत्सु ॥

ॐ इन्द्र आसां नेता बृहस्पतिर्दक्षिणा **य**ज्ञः पुर एतु सोमः ।
देवसेनानामभिभञ्जतिनां जयन्तीनां मरुतो **य**न्त्वग्रम् ॥

ॐ इन्द्रस्य वृष्णो वरुणस्य राज्ञ आदित्यानां मरुता(**घूं**) शर्ध उग्रम् ।
महामनसां भुवनस्यवानां घो**षो** देवानां जयतामुदस्थात् ॥

ॐ उद्धर्षय मघवन्नायुधान्युत्सत्वनां मामकानां मना(घुं)सि।
उद्-वृत्रहन् वाजिनां वाजिनान्युद्रथानां जयतां यन्तु घोषाः॥

ॐ अस्माकमिन्द्रः समृतेषु ध्वजेष्वस्माकं या इषवस्ता जयन्तु।
अस्माकं वीरा उत्तरे भवन्त्वस्मा२ उ देवा अवता हवेषु॥

ॐ अमीषां चित्तं प्रतिलोभयंती गृहाणाङ्गान्यप्वे परेहि।
अभि प्रेहि निर्दह हृत्सु शोकैरन्धेनामित्रास्तमसा सचन्ताम्॥

ॐ अवसृष्टा परा पत शरव्ये ब्रह्मस(घूं)शिते।
गच्छा मित्रान् प्र पद्यस्व माऽमीषां कं चनोच्छिषः॥

ॐ प्रेताजयता नरऽ इन्द्रो वः शर्म यच्छतु।
उग्रा वः सन्तु बाह्वोऽनाधृष्या यथासथ॥

ॐ असौ या सेना मरुतः परेषामभ्यैति न ओजसा स्पर्धमानाः।
ताङ्गूहत तमसाऽपव्रतेन यथाऽमि अन्यो अन्यं न जानन्॥

ॐ यत्र बाणाः सम्पतन्ति कुमारा विशिखा इव।
तत्र इन्द्रो बृहस्पतिरदितिः शर्म यच्छतु विश्वाः शर्म यच्छतु॥

ॐ मर्माणि ते वर्मणा छादयामि सोमस्त्वा राजाऽऽमृतेनानुवस्ताम्।
उरोर्वरीयो वरुणस्ते कृणोतु जयन्तं त्वानु देवा मदन्तु॥

॥ इति तृतीयोऽध्यायः॥

<u>॥ चतुर्थोऽध्याय ॥</u>

ॐ विभ्राड् बृहत्पिबतु सोम्यं मध्वायुर्दधद्यज्ञपता वविहुतम् ।
*वातजूतो **योऽ** अभिरक्षति त्मना प्रजाः पुपोष पुरुधा वि राजती ॥*

ॐ उदु त्यं जातवेदसं देवं वहन्ति केतवः ।
*दृशे विश्वाय सू**र्य**म् ॥*

*ॐ **ये**ना पावक चक्षसा भुरण्यन्तं जनाँ**२** अनु ।*
तवं वरुण पश्यसि ॥

*ॐ दैव्यावध्व**र्यू** आ गत**(घ्रूं)** रथेन सू**र्य**त्वचा ।*
*मध्वा **यज्ञ(घ्रूं)** समञ्जाथे । तं प्रत्नथाऽ यं वेनश्चित्रं देवानाम् ॥*

*ॐ तं प्रत्नथा पूर्वथा विश्वथेमथा ज्येष्ठतातिं बर्हि**षद(घ्रूं)** स्वर्विदम् ॥*
*प्रतीचीनं वृजनं दोहसे धुनिमाशुं जयन्तमनु **या**सु वर्धसे ॥*

ॐ अयं वेनश्चोदयत्पृश्निगर्भा ज्योतिर्जरायू रजसो विमाने ।
*इममपा**(घ्रूं)** संगमे सू**र्य**स्य शिशुं न विप्रा मतिभी रिहन्ति ॥*

ॐ चित्रं देवानामुदगादनीकं चक्षुर्मित्रस्य वरुणस्याग्नेः ।
*आप्रा द्यावापृथिवी अन्तरिक्ष**(घ्रूं)** सू**र्य** आत्मा जगतस्तस्थु**ष**श्च ॥*

ॐ आ न इडाभिर्विदथे सुशस्ति विश्वानरः सविता देव एतु ।
*अपि **य**था **यु**वानो मत्सथा नो विश्वं जगदभिपित्वे मनी**षा** ॥*

*ॐ **य**दद्य कच्च वृतहन् नुदगा अभि सू**र्य** ।*
सर्वं तदिन्द्र ते वशे ॥

*ॐ तरणिर्विश्वदर्शतो ज्योतिष्कृदसि **सूर्य** ।*
विश्वमा भासि रोचनम् ॥

*ॐ तत्सू**र्य**स्य देवत्वं तन्महित्वं मध्या कर्तोर्विततं(**घ्ग्वं**) सं जभार ।*
***य**देदयुक्त हरितः सधस्थादाद्रात्री वासस्तनुते सिमस्मै ॥*

*ॐ तन्मित्रस्य वरुणस्याभिचक्षे सू**र्यो** रूपं कृणुते द्योरुपस्थे ।*
अनन्तमन्यद्रुशदस्य पाजः कृष्णमन्यद्धरितः सं भरन्ति ॥

*ॐ बण्महाँ**२** असि सूर्य बड़ादित्य महाँ**२** असि ।*
*महस्ते सतो महिमा पनस्यतेऽद्धा देव महाँ**२** असि ॥*

*ॐ बट् सू**र्य** श्रवसा महाँ**२** असि सत्रा देव महाँ**२** असि ।*
*मह्ना देवानामसू**र्यः** पुरोहितो विभु ज्योतिरदाभ्यम् ॥*

*ॐ श्रायन्त इव सू**र्यं** विश्वेदिन्द्रस्य भक्षत ।*
वसूनि जाते जनमान ओजसा प्रति भागं न दीधिम् ॥

*ॐ अद्या देवा उदिता सू**र्य**स्य निर(**घ्ग्वं**) हसः पिपृता निरवद्यात् ।*
तन्नो मित्रो वरुणो मामहन्तामदितिः सिन्धुः पृथिवी उत द्योः ॥

ॐ आ कृष्णेन रजसा वर्तमानो निवेशयन्नमृतं मर्त्यं च ।
*हिरण्ययेन सविता रथेना देवो **या**ति भुवनानि पश्यन् ॥*

॥ इति चतुर्थोऽध्यायः ॥

|| रुद्रसूक्त : पंचमोऽध्याय : शतरुद्रीक्रम ||

ॐ भूः ॐ भुवः ॐ स्वः
ॐ नमस्ते रूद्र मन्यवऽ उतो तऽ **इष**वे नमः |
बाहुभ्यामुत ते नमः ||

ॐ **या** ते रूद्र शिवा तनूरघोराऽ पापकाशिनी |
तया नस्तन्वा शन्तमया गिरीशन्ताभि चाकशीहि ||

ॐ **यामिषुं** गिरिशन्त हस्ते बिभर्ष्यस्तवे |
शिवां गिरित्र तां कुरु मा हि(**घुं**)सीः पुरु**षं** जगत् ||

ॐ शिवेन वचसा त्वा गिरिशाच्छा वदामसि |
यथा नः सर्वमिज्जगदयक्षम(**घूं**) सुमना असत् ||

ॐ अध्यवोचदधिवक्ता प्रथमो दैव्यो भि**ष**क |
अहींश्च सर्वाञ्जम्भयन्त्सर्वाश्च **या**तुधान्योऽधराचीः परा सुव ||

ॐ असौ **य**स्ताम्रो अरुण उत बभ्रुः सुमंगलः |
ये चैन(**घूं**) रुद्रा अभितो दिक्षु श्रिताः सहस्रशोऽवै**षा(घुं)** हेड ईमहे ||

ॐ असौ **यो**ऽवसर्पति नीलग्रीवो विलोहितः |
उतैनं गोपा अदृशन्नदृश्रन्नुदहा**र्यः** स दृष्टो मृडयाति नः ||

ॐ नमोस्तु नीलग्रीवाय सहस्राक्षाय मीढु**षे** |
अथो **ये** अस्य सत्वानोऽहं तेभ्योऽकरं नमः ||

ॐ प्रभुञ्च धन्वनस्त्वमुभयो रात्र्योर्ज्याम् |
याश्च ते हस्त **इष**वः परा ता भगवो वपः ||

ॐ विज्यं धनुः कपर्दिनो विशल्यो बाणवाँ२ उत।
*अनेशन्नस्य **या इषव** आभुरस्य नि**ष**ङ्गधिः॥*

*ॐ **या** ते हेतिर्मीढुष्टम हस्ते बभूव ते धनुः।*
तयाऽस्मान्विश्वतस्त्वमयक्ष्मया परि भुज॥

ॐ परि ते धन्वनो हेतिरस्मान्वृणक्तु विश्वतः।
*अथो **य** इ**षु**धिस्तवारे अस्मन्नि धेहि तम्॥*

*ॐ अवतत्य धनुष्ट्व(**घूं**) सहस्राक्ष शते**षु**ते।*
*निशीर्**य** शल्यानां मुखा शिवो नः सुमना भव॥*

ॐ नमस्तऽ आयुधायाना तताय धृष्णवे।
उभाभ्यामुत ते नमो बाहुभ्यां तव धन्वने॥

ॐ मानो महान्तमुत मानो अर्भकं मा न उक्षन्तमुत मा न उक्षितम्।
*मा नो वधीः पितरं मोत मातरं मा नः प्रियास्तन्वो रूद्र रीरि**ष**ः॥*

*मा नस्तोके तनये मा न आयु**षि** मा नो गो**षु** मा नो अश्वे**षु** रीरि**ष**ः।*
मा नो वीरान् रूद्र भामिनो वधीर्हविष्मन्तः सदमित् त्वा हवामहे॥

ॐ नमो हिरण्यबाहवे सेनान्ये दिशां च पतये नमो नमो वृक्षेभ्यो हरिकेशेभ्यः
*पशूनां पतये नमो नमः शष्पिञ्जराय त्वि**षी**मते*
पथीनां पतये नमो नमो हरिकेशायोपवीतिने पुष्टानां पतये नमः॥

ॐ नमो बभ्लुशाय व्याधिनेऽन्नानां पतये नमो नमो भवस्य हेत्यै
जगतां पतये नमो नमो रुद्रायाततायिने क्षेत्राणां पतये नमो नमः
सूतायाहन्त्यै वनानां पतये नमः॥

ॐ नमो रोहिताय स्थपतये वृक्षाणां पतये नमो नमो भुवन्तये
वारिवस्कृतायौ**ष**धीनां पतये नमो नमो मन्त्रिणे वाणिजाय कक्षाणां
पतये नमो नमऽ उच्चैर्घो**षा**याक्रन्दयते पत्तीनां पतये नमः ॥

ॐ नमः कृत्स्नायतया धावते सत्वनां पतये नमो नमः सहमानाय
निव्याधिन आव्याधिनीनां पतये नमो नमो नि**ष**ङ्गिणे ककुभाय स्तेनानां पतये
नमो नमो निचेरवे परिचराया रण्यानां पतये नमः ॥

ॐ नमो वञ्चते परिवञ्चते स्तायूनां पतये नमो नमो नि**ष**ङ्गिण **इषु**धिमते
तस्कराणां पतये नमो नमः सृकायिभ्यो जिधा(**घूं**)सद्भ्यो मुष्णतां पतये नमो
नमोऽसिमद्भ्यो नक्तञ्चरद्भ्यो विकृतानां पतये नमः ॥

ॐ नमऽ उष्णी**षि**णे गिरिचराय कुलुञ्चानां पतये नमो नमऽ **इषु**मद्भ्यो
धन्वायिभ्यश्चवो नमो नमऽ आतन्वानेभ्यः
प्रतिदधानेभ्यश्च वो नमो नमऽ आयच्छद्भ्योऽ स्यद्भ्यश्चवो नमः ॥

ॐ नमो विसृजद्भ्यो विध्यद्भ्यश्च वो नमो नमः स्वपद्भ्यो
जाग्रद्भ्यश्च वो नमो नमः शयानेभ्य आसीनेभ्यश्च वो नमो
नमस्तिष्ठद्भ्यो धावद्भ्यश्च वो नमः ॥

ॐ नमः सभाभ्यः सभापतिभ्यश्चवो नमो नमोऽश्वेभ्योऽ श्वपतिभ्यश्च
वो नमो नमऽ आव्याधिनीभ्यो विविध्यन्तीभ्यश्च वो नमो नमऽ
उगणाभ्यस्तृ (**घूं**)हतीभ्यश्च वो नमः ॥

ॐ गणेभ्यो गणपतिभ्यश्च वो नमो नमो व्रातेभ्यो व्रातपतिभ्यश्च वो
नमो नमो गृत्सेभ्यो गृत्सपतिभ्यश्च वो नमो नमो विरूपेभ्यो
विश्वरूपेभ्यश्च वो नमः ॥

ॐ सेनाभ्यः सेनानिभ्यश्च वो नमो नमो रथिभ्यो अरथेभ्यश्च वो
नमो नमः क्षतृभ्यः संग्रहीतृभ्यश्च वो नमो नमो महद्भ्यो
अर्भकेभ्यश्च वो नमः ॥

ॐ नमस्तक्षभ्यो रथकारेभ्यश्च वो नमो नमः कुलालेभ्यः कमरिभ्यश्च वो नमो
नमो निषादेभ्यः पुञ्जिष्ठेभ्यश्च वो नमो नमः श्वनिभ्यो मृगयुभ्यश्च वो नमः ॥

ॐ नमः श्वभ्यः श्वपतिभ्यश्च वो नमो नमो भवाय च रुद्राय च नमः शर्वाय च
पशुपतये च नमो नीलग्रीवाय च शितिकण्ठाय च ॥

ॐ नमः कपर्दिने च व्युप्तकेशाय च नमः सहस्राक्षाय च शतधन्वने च नमो
गिरीशयाय च शिपिविष्टाय च नमो मीढुष्टमाय चे षुमते च ॥

ॐ नमो ह्रस्वाय च वामनाय च नमो बृहते च वर्षीयसे च नमो वृद्धाय च
सवृधे च नमो ग्र्याय च प्रथमाय च ॥

ॐ नमऽ आशवे चाजिराय च नमः शीग्घ्र्याय च शीभ्याय च नमऽ ऊर्म्याय
चा वस्वन्याय च नमो नादेयाय च द्वीप्याय च ॥

ॐ नमो ज्येष्ठाय च कनिष्ठाय च नमः पूर्वजाय चापरजाय च नमो
मध्यमाय चापगल्भाय च नमो जघन्याय च बुघ्न्याय च ॥

ॐ नमः सोभ्याय च प्रतिसर्याय च नमो याम्याय क्षेम्याय च नमः श्लोक्याय
चावसान्याय च नमऽ उर्वर्याय च खल्याय च ॥

ॐ नमो वन्याय च कक्ष्याय च नमः श्रवाय च प्रतिश्रवाय च नमऽ
आशुषेणाय चाशुरथाच नमः शूराय चावभेदिने च ॥

ॐ नमो बिल्मिने च कवचिने च नमो वर्मिणे च वरूथिने च नमः श्रुताय च
श्रुतसेनाय च नमो दुन्दुभ्याय चाहन्याय च ॥

ॐ नमो धृष्णवे च प्रमृशाय च नमो निषङ्गिणे चेषुधिमते च नमस्तीक्ष्णेषवे
चायुधिने च नमः स्वायुधाय च सुधन्वने च ॥

ॐ नमः सुत्याय च पथ्याय च नमः काट्याय च नीप्याय च नमः कुल्याय च
सरस्याय च नमो नादेयाय च वैशन्ताय च ॥

ॐ नमः कूप्याय चावट्याय च नमो वीघ्र्याय चा तप्याय च नमो मेघ्याय च
विद्युत्याय च नमो वर्ष्याय चा वर्ष्याय च ॥

ॐ नमो वात्याय च रेष्म्याय च नमो वास्तव्याय च वास्तुपाय च नमः सोमाय
च रुद्राय च नमस्ताम्राय चा रुणाय च ॥

ॐ नमः शङ्गवे च पशुपतये च नमS उग्राय च भीमाय च नमोऽग्रेवधाय च
दूरेवधाय च नमो हंत्रे च हनीयसे च नमो
वृक्षेभ्यो हरिकेशेभ्यो नमस्ताराय ॥

ॐ नमः शम्भवाय च मयोभवाय च नमः शङ्कराय च मयस्कराय च नमः
शिवाय च शिवतराय च ॥

ॐ नमः पार्याय चावार्याय च नमः प्रतरणाय चोत्तरणाय च
नमस्तीर्थ्याय च कूल्याय च नमः शष्प्याय च फेन्याय च ॥

ॐ नमः सिकत्याय च प्रवाह्याय च नमः कि(घ्रूं)शिलाय च क्षयणाय च नमः
कपर्दिने च पुलस्तये च नमS इरिण्याय च प्रपथ्याय च ॥

*ॐ नमो व्रज्याय च गोष्ठ्याय च नमस्तल्प्याय च गे**ह्याय** च नमो ह्रद**य्याय** च निवेष्प्याय च नमः काट्याय च गह्वरेष्ठाय च ॥*

*ॐ नमः शुष्क्याय च हरीत्याय च नमः पा**(घुं)**सव्याय च रजस्याय च नमो लोप्याय चोलोप्याय च नमऽ उर्व्याय च सूर्व्याय च ॥*

*ॐ नमः पर्णाय च पर्णशदाय च नमऽ उद्गुरुमाणाय चाभिघ्नते च नमऽ आखिदते च प्रखिदते च न नमऽ इ**षु**कृद्भ्यो धनुष्कृद्भ्यश्च वो नमो नमो वः किरिकेभ्यो देवाना**(घूं)** ह्रदयेभ्यो नमो विचिन्वत्केभ्यो नमो विक्षिणत्केभ्यो नमऽ आनिर्हतेभ्यः ॥*

ॐ द्रापेऽ अन्धसस्पते दरिद्र नीललोहित ।
*आसांऽ प्रजानामे**षां** पशूनां मा भेर्मा रोङ्गो च नः किंचनाममत् ॥*

ॐ इमारुद्राय तवसे कपर्दिने क्षयद्वीराय प्र भरामहे मतीः ।
***य**था शमसद् द्विपदे चतुष्पदे विश्वं पुष्टं ग्रामे अस्मिन्ननातुरम् ॥*

*ॐ **या** ते रूद्र शिवा तनूः शिवा विश्वाहा भे**ष**जी ।*
*शिवा रुतस्य भे**ष**जी तया नो मृड जीवसे ॥*

*ॐ परि नो रुद्रस्य हेतिर्वृणक्तु परि त्वे**ष**स्य दुर्मतिरघायोः ।*
अव स्थिरा मघवद्भ्यस्तनुष्व मीढ्वस्तोकाय तनयाय मृड ॥

ॐ मीढुष्टम शिवतम शिवो नः सुमना भव ।
परमे वृक्ष आयुधं निधाय कृत्तिं वसान आ चर पिनाकं बिभ्रदा गहि ॥

ॐ विकिरिद्र विलोहित नमस्ते अस्तु भगवः ।
***या**स्ते सहस्र**(घूं)** हेतयोऽन्य मस्मन्नि वपन्तु ताः ॥*

ॐ सहस्राणि सहस्रशो बाह्वोस्तव हेतयः ।
तासामीशानो भगवः पराचीना मुखा कृधि: ॥

*ॐ असंख्याता सहस्राणि **ये** रुद्रा भूम्याम् ।*
*ते**षा(घूं)** सहस्रयोजनेऽव धन्वानि तन्मसि ॥*

ॐ अस्मिन् महत्यर्णवेऽ न्तरिक्षे भवा अधि ।
*ते**षा(घूं)** सहस्रयोजनेऽव धन्वानि तन्मसि ॥*

*ॐ नीलग्रीवाः शितिकण्ठा दिव**(घूं)** रुद्रा उपश्रिताः ।*
*ते**षा(घूं)** सहस्रयोजनेऽव धन्वानि तन्मसि ॥*

ॐ नीलग्रीवाः शितिकण्ठाः शर्वा अधः क्षमाचराः ।
*ते**षा(घूं)** सहस्रयोजनेऽव धन्वानि तन्मसि ॥*

*ॐ **ये** वृक्षे**षु** शष्पिञ्ज़रा नीलग्रीवा विलोहिता ।*
*ते**षा(घूं)** सहस्रयोजनेऽव धन्वानि तन्मसि ॥*

*ॐ **ये** भूतानामधिपतयो विशिखासः कपर्दिनः ।*
*ते**षा(घूं)** सहस्रयोजनेऽव धन्वानि तन्मसि ॥*

*ॐ **ये** पथां पथिरक्षय ऐलब्रुदाः आयुर्युधः ।*
*ते**षा(घूं)** सहस्रयोजनेऽव धन्वानि तन्मसि ॥*

*ॐ **ये** तीर्थानि प्रचरन्ति सृकाहस्ता नि**षङ्गि**णः ।*
*ते**षा(घूं)** सहस्रयोजनेऽव धन्वानि तन्मसि ॥*

*ॐ **ये**ऽन्नेषु विविध्यन्ति पात्रे**षु** पिबतो जनान् ।*
*ते**षा(घूं)** सहस्रयोजनेऽव धन्वानि तन्मसि ॥*

ॐ **य**ऽ एतावन्तश्च भूया**(घुं)**सश्च दिशो रुद्रा वितस्थिरे।
तेषा(घूं) सहस्रयोजनेऽव धन्वानि तन्मसि॥

ॐ नमोऽस्तु रुद्रेभ्यो **ये** दिवि **येषां** वर्षमिषवः। तेभ्यो दश प्राचीर्दश
दक्षिणा दश प्रतीचीर्दशोदीचीर्दशोध्वाः। तेभ्यो नमो अस्तु नोऽ वन्तु ते
नो मृडयन्तु ते **यं** द्विष्मो **यश्च** नो द्वेष्टि तमे**षां** **यम्भे** दध्मः॥

ॐ नमोऽस्तु रुद्रेभ्यो **ये**ऽन्तरिक्षे **येषां** वात इ**ष**वः। तेभ्यो दश प्राचीर्दश
दक्षिणा दश प्रतीचीर्दशोदीचीर्दशोध्वाः। तेभ्यो नमो अस्तु नोऽ वन्तु ते
नो मृडयन्तु ते **यं** द्विष्मो **यश्च** नो द्वेष्टि तमे**षां** **यम्भे** दध्मः॥

ॐ नमोऽस्तु रुद्रेभ्यो **ये** पृथिव्यां **येषा**मन्नमि**ष**वः। तेभ्यो दश प्राचीर्दश
दक्षिणा दश प्रतीचीर्दशोदीचीर्दशोध्वाः। तेभ्यो नमो अस्तु नोऽ वन्तु ते नो
मृडयन्तु ते **यं** द्विष्मो **यश्च** नो द्वेष्टि तमे**षां** यम्भे दध्मः॥

ॐ नमस्ते रूद्र मन्यवऽ उतो तऽ इ**ष**वे नमः।
बाहुभ्यामुत ते नमः॥

ॐ **या** ते रूद्र शिवा तनूरघोराऽ पापकाशिनी।
तया नस्तन्वा शन्तमया गिरीशन्ताभि चाकशीहि॥

ॐ **यामिषुं** गिरिशन्त हस्ते बिभर्ष्यस्तदे।
शिवां गिरित्र तां कुरु मा हि**(घुं)**सीः पुरुषं जगत्॥

ॐ शिवेन वचसा त्वा गिरिशाच्छा वदामसि।
यथा नः सर्वमिज्जगदयक्षम**(घूं)** सुमना असत्॥

ॐ अध्यवोचदधिवक्ता प्रथमो दैव्यो भि**ष**क।
अहींश्च सर्वाञ्जम्भयन्त्सर्वाश्च **या**तुधान्योऽधराचीः परा सुव॥

ॐ असौ **य**स्ताम्रो अरुण उत बभ्रुः सुमंगलः।
ये चैन**(घूं)** रुद्रा अभितो दिक्षु श्रिताः सहस्रशोऽवै**षा(घुं)** हेड ईमहे॥

ॐ असौ **यो**ऽवसर्पति नीलग्रीवो विलोहितः।
उतैनं गोपा अदृशन्नदृश्रन्नुदहार्यः स दृष्टो मृडयाति नः॥

ॐ नमोस्तु नीलग्रीवाय सहस्राक्षाय मीढु**षे**।
अथो **ये** अस्य सत्वानोऽहं तेभ्योऽकरं नमः॥

ॐ प्रभुञ्च धन्वनस्त्वमुभयो रात्र्योर्ज्याम्।
याश्च ते हस्त **इष**वः परा ता भगवो वपः॥

ॐ विज्यं धनुः कपर्दिनो विशल्यो बाणवाँ**२** उत।
अनेशन्नस्य **या इष**व आभुरस्य नि**षङ्ग**धिः॥

ॐ **या** ते हेतिर्मीढुष्टम हस्ते बभूव ते धनुः।
तयाऽस्मान्विश्वतस्त्वमयक्ष्मया परि भुज॥

ॐ परि ते धन्वनो हेतिरस्मान्वृणक्तु विश्वतः।
अथो **य** इषुधिस्तवारे अस्मन्नि धेहि तम्॥

ॐ अवतत्य धनुष्ट्व**(घूं)** सहस्राक्ष शते**षु**ते।
निशी**र्य** शल्यानां मुखा शिवो नः सुमना भव॥

ॐ नमस्तऽ आयुधायाना तताय धृष्णवे।
उभाभ्यामुत ते नमो बाहुभ्यां तव धन्वने॥

ॐ मानो महान्तमुत मानो अर्भकं मा न उक्षन्तमुत मा न उक्षितम्।
मा नो वधीः पितरं मोत मातरं मा नः प्रियास्तन्वो रूद्र रीरि**षः**॥

मा नस्तोके तनये मा न आयुषि मा नो गोषु मा नो अश्वेषु रीरिषः।
मा नो वीरान् रूद्र भामिनो वधीर्हविष्मन्तः सदमित् त्वा हवामहे ॥

ॐ एष ते रूद्र भागः सह स्वस्राम्बिकया तं जुषस्व स्वाहैष ते
रूद्र भाग आखुस्ते पशुः ॥

ॐ अव रूद्र मदीमह्यव देवं त्र्यम्बकम् ।
यथा नो वस्यसस्करद्यथा नः श्रेयसस्करद्यथा नो व्यवसाययात् ॥

ॐ नमस्ते रूद्र मन्यवऽ उतो तऽ इषवे नमः।
बाहुभ्यामुत ते नमः ॥

ॐ या ते रूद्र शिवा तनूरघोराऽ पापकाशिनी।
तया नस्तन्वा शन्तमया गिरीशन्ताभि चाकशीहि ॥

ॐ न तं विदाथ य इमा जजानान्यद्युष्मा कमन्तरं बभूव।
नीहारेण पावृता जल्प्या चासुतृपऽ उक्थशासश्चरन्ति ॥

ॐ विश्वकर्मा ह्यजनिष्टऽ देवऽ आदिद्गन्धर्वो अभवद् द्वितीयः।
तृतीयः पिता जनितौषधीनामपा ङ्गर्भं व्यदधात् पुरुत्रा ॥

ॐ मीढुष्टम शिवतम शिवो नः सुमना भव।
परमे वृक्ष आयुधं निधाय कृत्तिं वसान आ चर पिनाकं बिभ्रदा गहि ॥

ॐ विकिरिद्र विलोहित नमस्ते अस्तु भगवः।
यास्ते सहस्र(घूं) हेतयोऽन्य मस्मन्नि वपन्तु ताः ॥

ॐ सहस्राणि सहस्रशो बाह्वोस्तव हेतयः।
तासामीशानो भगवः पराचीना मुखा कृधि ॥

ॐ असंख्याता सहस्राणि ***ये*** *रुद्रा भूम्याम् ।*
*ते****षा(घूं)*** *सहस्रयोजनेऽव धन्वानि तन्मसि ॥*

॥ इति पंचमोऽध्यायः ॥

|| षष्ठोऽध्याय ||

ॐ वय (घूं) सोम व्रते तव मनस्तनूषु बिभ्रतः |
प्रजावन्त सचेमहि ||

ॐ एष ते रूद्र भागः सह स्वस्राम्बिकया तं जुषस्व स्वाहैष ते
रूद्र भाग आखुस्ते पशुः ||

ॐ अव रूद्र मदीमह्यव देवं त्र्यम्बकम् |
यथा नो वस्यसस्करद्यथा नः श्रेयसस्करद्यथा नो व्यवसाययात् ||

ॐ भेषजमसि भेषजं गवेऽश्वाय पुरुषाय भेषजम् |
सुखं मेषाय मेष्यै ||

ॐ त्र्यम्बकं यजामहे सुगन्धिं पुष्टिवर्धनम् |
उर्वारुकमिव बन्धनान् मृत्योर्मुक्षीय मामृतात् |

ॐ त्रयम्बकं यजामहे सुगन्धिं पतिवेदनम् |
उर्वारुकमिव बन्धनादितो मुक्षीय मामुतः ||

ॐ एतत्ते रूद्रावसं तेन परो मूजवतोतीहि |
अवततधन्वा पिनाकावसः कृत्तिवासा अहि(घूं) सन्नः शिवोऽतीहि ||

ॐ त्र्यायुषं जमदग्नेः कश्यपस्य त्र्यायुषम् |
यद्देवेषु त्र्यायुषं तन्नो अस्तु त्र्यायुषम् ||

ॐ शिवो नामासि स्वधितिस्ते पिता नमस्ते अस्तु मा मा हि(घूं)सीः |
नि वर्त्तयाम्यायुषेऽन्नाद्याय प्रजननाय रायस्पोषाय सुप्रजास्त्वाय सुवीर्याय ||

ॐ उग्रश्च भीमश्च ध्वान्तश्च धुनिश्च।
सासह्वाँश्चा भियुग्वा च विक्षिपः स्वाहा॥

ॐ अग्नि(**घूं**) हृदयेना शनि(**घूं**) हृदयाग्रेण पशुपतिं
कृत्स्नहृदयेन भवं **य**क्ना।
शर्वं मतस्नाभ्या मीशानं मन्युना महादेवमन्तः पर्शव्येनोग्रं देवं वनिष्ठुना
वसिष्ठहनुः शिङ्गीनि कोश्याभ्याम्॥

ॐ उग्रँल्लोहितेन मित्र(**घूं**) सौव्रत्येन रुद्रं दौर्व्रत्येनेन्द्र प्रक्रीडेन मरुतो बलेन
साध्यान् प्रमुदा।
भवस्य कण्ठ्य(**घूं**) रुद्रस्यान्तः पार्श्व्यं महादेवस्य **य**कृच्छर्वस्य
वनिष्ठुः पशुपतेः पुरीतत॥

ॐ स्वस्ति न इन्द्रो वृद्धश्रवाः स्वस्ति नः पू**षा** विश्ववेदाः।
स्वस्ति नस्ताक्ष्यों अरिष्टनेमिः स्वस्ति नो बृहस्पतिर्दधातु॥

ॐ पयः पृथिव्यां पय ओ**ष**धी**षु** पयो दिव्यन्तरिक्षे पयो धाः।
पयस्वतीः प्रदिशः सन्तु मह्यम्॥

ॐ विष्णो रराटमसि विष्णोः श्नप्त्रे स्थो विष्णोः स्यूरसि विष्णोर्ध्रुवोऽसि।
वैष्णवमसि विष्णवे त्वा॥

ॐ अग्निर्देवता वातो देवता सू**र्यो** देवता चन्द्रमा देवता वसवो देवता रुद्रा
देवताऽ दित्या देवता मरुतो देवता विश्वे देवा देवता
बृहस्पतिर्देवतेन्द्रो देवता वरुणो देवता॥

ॐ द्योः शान्तिरन्तरिक्ष (**घूं**) शान्तिः पृथिविशान्तिरापः
शान्तिरो**ष**धयः शान्तिः।
वनस्पतयः शान्तिर्विश्वे देवाः शान्तिर्ब्रह्म शान्तिः सर्व (**घूं**)
शान्तिः शान्तिरेवशान्तिः सा मा शान्तिरेधि॥

|| सप्तमोऽ ध्याय ||

ॐ वाजश्च मे प्रसवश्च मे प्रयतिश्च मे प्रसितिश्चमे धीतिश्च मे क्रतुश्च मे स्वरश्च मे श्लोकश्च मे श्रवश्च मे श्रुतिश्च मे ज्योतिश्च मे स्वश्च मे **यज्ञे**न कल्पन्ताम् ||

प्राणश्च मेऽपानश्च मे व्यानश्च मेऽसुश्च मे चित्तं च मऽआधीतं च मे वाक् च मे मनश्च मे चक्षुश्च मे क्षोत्रं च मे दक्षश्च मे बलं च मे **यज्ञे**न कल्पन्ताम् ||

ओजश्च मे सहश्च मऽ आत्मा च मे तनूश्च मे शर्म च मे वर्म च मेऽङ्गानि च मेऽस्थीनि च मे परू(**घुं**)**षि** च मे शरीराणि च मऽ आयुश्च मे जरा च मे **यज्ञे**न कल्पन्ताम् ||

ज्येष्ठ्यं च मऽ आधिपत्यं च मे मन्युश्च मे भामश्च मेऽमश्च मेऽम्भश्च मे जेमा च मे महिमा च मे वरिमा च मे प्रथिमा च मे व**र्षि**मा च मे द्राधिमा च मे वृद्धं च मे वृद्धिश्च मे **यज्ञे**न कल्पन्ताम् ||

*******************************(1)

सत्यं च मे श्रद्धा च मे जगच्च मे धनं च मे विश्वं च मे महश्च मे क्रीडा च मे मोदश्च मे जातं च मे जनिष्यमाणं च मे सूक्तं च मे सुकृतं च मे **यज्ञे**न कल्पन्ताम् ||

ऋतं च मेऽमृतं च मे ऽयक्ष्मं च मे ऽनामयच्च मे जीवा तुश्च मे दीर्घायुत्वं च मेऽनमित्रं च मे ऽभयं च मे सुखं च मे शयनं च मे सु**षा**श्च मे सुदिनं च मे **यज्ञे**न कल्पन्ताम् ||

यन्ता च मे धर्ता च मे क्षेमश्च मे धृतिश्च मे विश्वं च मे महश्च मे संविच्च मे ज्ञात्रं च मे सूश्च मे प्रसूश्च मे सीरं च मे लयश्च मे **यज्ञे**न कल्पन्ताम् ||

शं च मे मयश्च मे प्रियं च मेऽ नुकामश्च मे कामश्च मे सौमनश्च मे भगश्च मे द्रविणं च मे भद्रं च मे श्रेयश्च मे वसीयश्च मे **य**शश्च मे **य**ज्ञेन कल्पन्ताम् ||

**************************************(2)

उर्क च मे सुनृता च मे पयश्च मे रसश्च मे धृतं च मे मधु च मे सग्धिश्च मे सपीतिश्च मे कृ**षि**श्च मे वृष्टिश्च मे जैत्रं च मऽ औद्भिद्यं च मे **य**ज्ञेन कल्पन्ताम् ||

रयिश्च मे रायश्च मे पुष्टं च मे पुष्टिश्च मे विभु च मे प्रभु च मे पूर्णं च मे पूर्णतरं च मे कुयवं च मेऽक्षितं च मेऽन्नं च मेऽक्षुच्च मे **य**ज्ञेन कल्पन्ताम् ||

वित्तं च मे वेद्यं च मे भूतं च मे भविष्यच्च मे सुगं च मे सुपथ्यं च मऽ ऋद्धं च मऽ ऋद्धिश्च मे क्लुप्तं च मे क्लुप्तिश्च मे मतिश्च मे सुमतिश्च मे **य**ज्ञेन कल्पन्ताम् ||

व्रीहयश्च मे **य**वाश्च मे मा**षा**श्च मे तिलाश्च मे मुद्गाश्च मे खल्वाश्च मे प्रियङ्गवश्च मेऽणवश्च मे श्यामाकाश्च मे निवाराश्च मे गोधूमाश्च मे मसूराश्च मे **य**ज्ञेन कल्पन्ताम् ||

************************************(3)

अश्मा च मे मृत्तिका च मे गिरयश्च मे पर्वताश्च मे सिकताश्च मे वनस्पतयश्च मे हिरण्यं च मेऽयश्च मे श्यामं च मे लोहं च मे सीसं च मे त्रपु च मे **य**ज्ञेन कल्पन्ताम् ||

अग्निश्च मऽ आपश्च मे वीरुधश्च मऽ ओषधयश्च मे कृष्टपच्याश्च
मेऽकृष्टपच्याश्च मे ग्राम्याश्च मे पशवऽ आरण्याश्च मे वित्तं च मे
वित्तिश्च मे भूतं च मे भूतिश्च मे **यज्ञेन** कल्पन्ताम् ॥

वसु च मे वसतिश्च मे कर्म च मे शक्तिश्च मे ऽर्थश्च मऽ एमश्च मऽ
इत्या च मे गतिश्च मे **यज्ञेन** कल्पन्ताम् ॥

*******************************(4)

अग्निश्च मऽ इन्द्रश्च मे सोमश्च मऽ इन्द्रश्च मे सविता च मऽ इन्द्रश्च मे
सरस्वती च मऽ इन्द्रश्च मे **पूषा** च मऽ इन्द्रश्च मे
बृहस्पतिश्च मऽ इन्द्रश्च मे **यज्ञेन** कल्पन्ताम् ॥

मित्रश्च मऽ इन्द्रश्च मे वरुणश्च मऽ इन्द्रश्च मे धाता च मऽ इन्द्रश्च मे
त्वष्टा च मऽ इन्द्रश्च मे मरुतश्च मऽ इन्द्रश्च मे
विश्वे च मे देवा इन्द्रश्च मे **यज्ञेन** कल्पन्ताम् ॥

पृथिवी च मऽ इन्द्रश्च मेऽन्तरिक्षं च मऽ इन्द्रश्च मे द्यौश्च मऽ इन्द्रश्च मे
समाश्च मऽ इन्द्रश्च मे नक्षत्राणि च मऽ इन्द्रश्च मे
दिशश्च मऽ इन्द्रश्च मे यज्ञेन कल्पन्ताम् ॥

*******************************(5)

अ**(घूं)** शुश्च मे रश्मिश्च मे दाभ्यश्च मेऽधिपतिश्च मऽ उपा**(घुं)**शुश्च
मेऽन्त**र्या**मश्च मऽ ऐन्द्रवायवश्च मे मैत्रावरुणश्च मऽ आश्विनश्च मे
प्रतिप्रस्थानश्च मे शुक्रश्च मे मन्थी च मे **यज्ञेन** कल्पन्ताम् ॥

आग्रयणश्च मे वैश्वदेवश्च मे ध्रुवश्च मे वैश्वानरश्च मऽ ऐन्द्राग्नश्च मे महावैश्वदेवश्च मे मरुत्वतीयाश्च मे निष्केवल्यश्च मे सावित्रश्च मे सारस्वतश्च मे पात्नीवतश्च मे हारियोजनश्च मे **यज्ञे**न कल्पन्ताम् ॥

स्रुचश्च मेचमसाश्च मे वायव्यानि च मे द्रोणकलशश्च मे ग्रावाणश्च मेऽधि**ष**वणे च मे पूतभृच्च मऽ आधवनीयश्च मे वेदिश्च मे बर्हिश्च मेऽवभृथश्च मे स्वगाकारश्च मे **यज्ञे**न कल्पन्ताम् ॥

*************************************(6)

अग्निश्च मे धर्मश्च मेऽर्कश्च मेसूर्यश्च मे प्राणश्च मेऽश्वमेधश्च मे पृथिवी च मेऽदितिऽश्च मे दितिश्च मे द्यौश्च मेऽङ्गुलयः शक्करयो दिशश्च मे **यज्ञे**न कल्पन्ताम् ॥

व्रतं च मऽ ऋतवश्च मे तपश्च मे ऽसंवत्सरश्च मेऽहोरात्रे उर्वष्ठीवे बृहद्रथन्तरे च मे **यज्ञे**न कल्पन्ताम् ॥

*************************************(7)

एका च मे तिस्रश्च मे तिस्रश्च मे पञ्च च मे पञ्च च मे सप्त च मे सप्त च मे नव च मे नव च मऽ एकादश च मऽ एकादश च मे त्रयोदश च मे त्रयोदश च मे पञ्चदश च मे पञ्चदश च मे सप्तदश च मे सप्तदश च मे नवदश च मे नवदश मऽ एकवि**(घूं)**शतिश्च मऽ एकवि(**घूं**)शतिश्च मे त्रयोवि(**घूं**)शतिश्च मे त्रयोवि(**घूं**)शतिश्च मे पञ्चवि(**घूं**)शतिश्च मे पञ्चवि**(घूं)**शतिश्च मे सप्तवि(**घूं**)शतिश्च मे सप्तवि(**घूं**)शतिश्च मे नववि**(घूं)**शतिश्च मे नववि**(घूं)**शतिश्च मऽ एकत्रि(**घूं**)शच्च मऽ एकत्रि**(घूं)**शच्च मे त्रयस्त्रि(**घूं**)शच्च मे **यज्ञे**न कल्पन्ताम् ॥

****************************(8)

चतस्रश्च मेऽष्टौ च मेष्टौ च मे द्वादश च मे द्वादश च मे **षो**डश च मे **षो**डश च मे वि(**घूं**)शतिश्च मे वि(**घूं**)शतिश्च मे चतुर्वि(**घूं**)शतिश्च मे चतुर्वि(**घूं**)शतिश्च मेऽष्टावि(**घूं**) शतिश्च मेऽ ष्टावि(**घूं**) शतिश्च मे द्वात्रि(**घूं**)श्च्च मे द्वात्रि(**घूं**)श्च्च मे **ष**ट्त्रि(**घूं**)श्च्च मे **ष**ट्त्रि(**घूं**)श्च्च मे चत्वारि(**घूं**)श्च्च मे चत्वारि(**घूं**)श्च्च मे चतुश्चत्वारि(**घूं**)श्च्च मे चतुश्चत्वारि(**घूं**)श्च्च मे ष्टाचत्वारि(**घूं**)श्च्च मे **य**ज्ञेन कल्पन्ताम् ॥

********************************(9)

त्र्यविश्च मे त्र्यवी च मे दित्यवाट् च मे दित्यौही च मे पञ्चाविश्च मे पञ्चावी च मे त्रिवत्सश्च मे त्रिवत्सा च मे तु**र्य**वाट् च मे तु**र्यौ**ही च मे **य**ज्ञेन कल्पन्ताम् ॥

पष्ठवाट् च मे पष्ठौही च मऽ उक्षा च मे वशा च मऽ ऋषभश्च मे वेहच्च मेऽनड्वाँश्च मे धेनुश्च मे **य**ज्ञेन कल्पन्ताम् ॥

*************************************(10)

वाजाय स्वाहा प्रसवाय स्वाहाऽपिजाय स्वाहा क्रतवे स्वाहा वसवे स्वाहाऽहर्पतये स्वाहाऽहन्ने मुग्धाय स्वाहा मुग्धाय वैन(**घूं**)शिनाय स्वाहा विन(**घूं**)शिन आन्त्यायनाय स्वाहाऽऽन्त्याय भौवनाय स्वाहा भुवनस्य पतये स्वाहाऽधिपतये स्वाहा प्रजापतये स्वाहा। इयं ते राण्मित्राय **य**न्ताऽसि **य**मन ऊर्जे त्वा वृष्टै त्वा प्रजानां त्वाऽऽधिपत्याय ॥

*आयु**र्य**ज्ञेन कल्पतां प्राणो **य**ज्ञेन कल्पतां चक्षु**र्य**ज्ञेन कल्पता(**घूं**) क्षोत्रं*
***य**ज्ञेन कल्पतां वा**ग्य**ज्ञेन कल्पतां मनो **य**ज्ञेन कल्पतामात्मा **य**ज्ञेन*
*कल्पतां ब्रह्मा **य**ज्ञेन कल्पतां ज्योति**र्य**ज्ञेन कल्पता(**घूं**)*
*स्व**र्य**ज्ञेन कल्पतां पृष्टं **य**ज्ञेन कल्पतां **य**ज्ञो **य**ज्ञेन कल्पताम् ।*
*स्तोमश्च **य**जुश्च ऋक् च साम च बृहच्च रथन्तरं च ।*
स्वरदेवा अगन्मामृता अभूम प्रजापतेः प्रजा अभूम वेट् स्वाहा ॥

*********************************(11)

॥ इति सप्तमोऽध्यायः ॥

॥ अष्टमोऽध्याय ॥

ॐ ऋचं वाचं प्र पद्ये मनो **य**जुः प्र पद्ये साम प्राणं प्र पद्ये
चक्षुः क्षोत्रं प्र पद्ये।
वागोजः सहौजो मयि प्राणापानौ॥

यन्मे छिद्रं चक्षु**षो** हृदयस्य मनसो वातितृण्णं बृहस्पतिर्मे तद्दधातु।
शं नो भवतु भुवनस्य **य**स्पतिः॥

ॐ भूर्भुवः स्वः तत्सवितुर्वरेण्यं भर्गो देवस्य धीमहि।
धि**यो यो** नः प्रचोदयात्॥

ॐ कया नश्चित्र आ भुवदूती सदावृधः सखा।
कया शचिष्ठया वृता॥

ॐ कस्त्वा सत्यो मदानां म(**घूं**)हिष्ठो मत्सदन्धसः।
द्दढाचिदारुजे वसु॥

ॐ अभी **षु** णः सखीनामविता जरितृणाम्।
शतं भवास्यूतिभिः॥

ॐ कया त्वं न ऊत्याभि प्र मन्दसे वृ**ष**न्।
कया स्तोतृभ्य आ भर॥

ॐ इन्द्रो विश्वस्य राजति।
शं नो अस्तु द्विपदे शं चतुष्पदे॥

ॐ शं नो मित्रः शं वरुणः शं नो भवत्व**र्य**मा।
शं न इन्द्रो बृहस्पतिः शं नो विष्णुरुरुक्रमः॥

ॐ शं नो वातः पवता(**घूं**) शं नस्तपतु सू**र्य**ः।
शं नः कनिक्रद-द्देवः पर्जन्यो अभिव**र्ष**तु॥

ॐ अहानि शं भवन्तु नः श(**घूं**) रात्रीः प्रति धीयताम्।
शं न इन्द्राग्नी भवतामवोभिः शं न इन्द्रावरुणा रातहव्या।
शं न इन्द्रापू**ष**णा वाजसातौ शमिन्द्रासोमा सुविताय शं **यो**ः॥

ॐ शं नो देवीरभिष्टय आपो भवन्तु पीतये।
शं **यो**रभि स्रवन्तु नः॥

ॐ स्योना पृथिवी नो भवानृक्षरा निवेशनी।
यच्छा नः शर्म सप्रथाः॥

ॐ आपो हि ष्ठा मयोभुवस्ता न ऊर्जे दधातन।
महे रणाय चक्षसे॥

ॐ **यो** वः शिवतमो रसस्तस्य भाजयतेह नः।
उशतीरिव मातरः॥

ॐ तस्मा अरं गमाम वो **य**स्य क्षयाय जिन्वथ।
आपो जनयथा च नः॥

ॐ द्यौः शान्तिरन्तरिक्ष (**घूं**) शान्तिः पृथिविशान्तिरापः
शान्तिरो**ष**धयः शान्तिः।
वनस्पतयः शान्तिर्विश्वे देवाः शान्तिर्ब्रह्म शान्तिः सर्व (**घूं**)
शान्तिः शान्तिरेवशान्तिः सा मा शान्तिरेधि॥

ॐ द्दते द्द(**घूं**)ह मा मित्रस्य मा चक्षु**षा** सर्वाणि भूतानि समीक्षन्ताम्।
मित्रस्याहं चक्षु**षा** सर्वाणि भूतानि समीक्षे।
मित्रस्य चक्षु**षा** समीक्षामहे॥

ॐ दृते दृ(**घ्नूं**) ह मा।
ज्योक्ते सन्दृशि जीव्यासं ज्योक्ते सन्दृशि जीव्यासम्।

ॐ नमस्ते हरसे शोचि**षे** नमस्ते अस्त्वर्चि**षे**।
अन्याँस्ते अस्मत्तपन्तु हेतयः पावको अस्मभ्य(**घ्नूं**) शिवो भव॥

ॐ नमस्ते अस्तु विद्युते नमस्ते स्तनयित्नवे।
नमस्ते भगवन्नस्तु **य**तः स्वः समीहसे॥

ॐ यतो **य**तः समीहसे ततो नो अभयं कुरु।
शं नः कुरु प्रजाभ्योऽभयं नः पशुभ्यः॥

ॐ सुमित्रिया न आप ओ**ष**धयः सन्तु दुर्मित्रियास्तस्मै सन्तु
योऽस्मान् द्वेष्टि **यं** च वयं द्विष्मः॥

ॐ तच्चक्षुर्देवहितं पुरस्ताच्छुक्रमुच्चरत्।
पश्येम शरदः शतं जीदेम शरदः शत(**घ्नूं**) शृणुयाम शरदः शतं प
ब्रवाम शरदः शतमदीनाः स्याम शरदः शतं भूयश्च शरदः शतात्॥
॥ इति अष्टमोऽध्यायः॥

|| अथः नवग्रह एवं स्वस्तिप्रार्थनादि मंत्राः ||

सूर्य :

ॐ आकृष्णेन रजसा वर्तमानो निवेशयन्नमृतं मर्त्यं च |
हिरण्ययेन सविता रथेना देवो **या**ति भुवनानि पश्यन् ||

चन्द्र :

ॐ इमं देवा असपत्न**(घूं)** सुवध्वं महते क्षत्राय महते
ज्यैष्ठाय महते जानराज्यायेन्द्रस्येन्द्रियाय |
इमममुष्य पुत्रममुष्यै पुत्रमस्यै विश ए**ष** वोऽमि राजा
सोमोऽस्माकं ब्राह्मणाना**(घूं)** राजा ||

भोम :

ॐ अग्निर्मूर्धा दिवः ककुत्पतिः पृथिव्या अ**य**म् |
अपा**(घुं)** रेता**(घुं)**सि जिन्वति ||

बुध

ॐ उद्‌बुध्यस्वाग्ने प्रति जागृहि त्वमिष्टापूर्ते स**(घूं)** सृजेतामयं च |
अस्मिन्त्सधस्थे अध्युत्तरस्मिन विश्वे देवा **य**जमानश्च सीदत ||

बृहस्पति :

ॐ बृहस्पते अति यद**र्यो** अर्हाद् द्‌युमद् विभाति क्रतुमज्जने**षु** |
यद्दीदयच्छवस ऋतप्रजात तदस्मासु द्रविणं धेहि चित्रम् ||

शुक्र :

ॐ अन्नात्परिस्रुतो रसं ब्रह्मणा व्यपिबत् क्षत्रं पयः सोमं प्रजापतिः |
ऋतेन सत्यमिन्द्रियं विपान**(घूं)** शुक्रमन्धस
इन्द्रस्येन्द्रियमिदं प**यो**ऽमृतं मधु ||

शनि :

ॐ शं नो देवीरभिष्टय आपो भवन्तु पीतये ।
शं योरभि स्रवन्तु नः ॥

राहू :

ॐ कया नश्चित्र आ भुवदूती सदावृधः सखा ।
कया शचिष्ठया वृता ॥

केतु :

ॐ केतुं कृण्वन्नकेतवे पेशो मर्या अपेशसे ।
समुषद्भिरजायथाः ॥

ॐ स्वस्ति न इन्द्रो वृद्धश्रवाः स्वस्ति नः पूषा विश्ववेदाः ।
स्वस्ति नस्तार्क्ष्यो अरिष्टनेमिः स्वस्ति नो बृहस्पतिर्दधातु ॥

ॐ पयः पृथिव्यां पय ओषधीषु पयो दिव्यन्तरिक्षे पयो धाः ।
पयस्वतीः प्रदिशः सन्तु मह्यम् ॥

ॐ विष्णो रराटमसि विष्णोः श्नप्त्रे स्थो विष्णोः स्यूरसि विष्णोर्ध्रुवोऽसि ।
वैष्णवमसि विष्णवे त्वा ॥

ॐ अग्निर्देवता वातो देवता सूर्यो देवता चन्द्रमा देवता वसवो देवता रुद्रा
देवताऽ दित्या देवता मरुतो देवता विश्वे देदा देवता
बृहस्पतिर्देवतेन्द्रो देवता वरुणो देवता ॥

ॐ सद्योजातं प्रपद्यामि सद्यो जातायवै नमो नमः ।
भवे भवेनातीभवे भवस्य मां भवोद्भवाय नमः ।
वामदेवायनमो ज्येष्ठाय नमो श्रेष्ठायनमः रुद्राय नमः ।
कालाय नमः कलविकरणाय नमो बलविकरणाय नमो बलाय नमो
बलप्रमथनाय नमः सर्वभूतदमनाय नमो मनोन्मनाय नमः ॥

ॐ अघोरेभ्योऽ थघोरेभ्यो घोरघोर तरेभ्यः ।
सर्वेभ्यः सर्वशर्वभ्यो नमस्तेऽ अस्तु रूद्ररूपेभ्यः ॥

तत्पुरु**षा**य विद्महे महादेवायधीमहि । तन्नो रूद्र प्रचोदयात् ॥

ॐ ईशानः सर्वविद्यानामीश्वरः सर्वभूतानाम् ।
ब्रह्माधिपतिर्ब्रह्मणोधिपतिर्ब्रह्मा शिवो मेऽ अस्तु सदाशिवोम् ॥

ॐ शिवो नामासि स्वधितिस्ते पिता नमस्ते अस्तु मा मा हि**(घृं)**सीः ।
नि वर्त्त**याम्यायुषेऽ**न्नाद्याय प्रजननाय रायस्पो**षा**य
सुप्रजास्त्वाय सुवी**र्या**य ॥

ॐ विश्वानिदेव सवितर्-दुरितानि परा सुव ।
यद्भद्रं तन्न आ सुव ॥

ॐ द्यौः शान्तिरन्तरिक्ष **(घृं)** शान्तिः पृथिविशान्तिरापः
शान्तिरो**ष**धयः शान्तिः ।
वनस्पतयः शान्तिर्विश्वे देवाः शान्तिर्ब्रह्म शान्तिः सर्व **(घृं)**
शान्तिः शान्तिरेवशान्तिः सा मा शान्तिरेधि ॥

ॐ सर्वे**षां** वाएषवेदाना **(घृं)**रसो **य**त्साम सर्वे**षा**मे
वैनमेद्धेदाना**(घृं)** रसनाभि**षिं**चति ॥

ॐ शान्तिः शान्तिः शान्तिः । सुशान्तिर्भवतु ॥
सर्वारिष्टशान्तिर्भवतु । अमृताभि**षे**कोस्तु ॥
श्री साम्बसदाशिव महारुद्र प्रसन्नोस्तु ॥
नमः पार्वतीपतये हर हर महादेव हर ॥

शुद्धोदक स्नानं : शिवलिंग तथा सर्प को शुद्ध जल से स्नान कराएं।

ॐ ये तीर्थानि प्रचरन्ति सृकाहस्ता निषङ्गिणः।
तेषा(घूं) सहस्रयोजनेऽव धन्वानि तन्मसि॥
ॐ भूर्भुवः स्वः। श्रीसाम्बसदाशिवमहारुद्राय नमः॥
शुद्धोदक स्नानं समर्पयामि।
शुद्धोदक स्नानान्ते आचमनीयं समर्पयामि॥

वस्त्रं : वस्त्र अर्पण करें।

ॐ असौ योऽवसर्पति नीलग्रीवो विलोहितः।
उतैनं गोपा अदृश्रन्नदृश्रन्नुदहार्यः स दृष्टो मृडयाति नः॥
ॐ भूर्भुवः स्वः। श्रीसाम्बसदाशिवमहारुद्राय नमः॥
वस्त्रं समर्पयामि। वस्त्रान्ते आचमनीयं समर्पयामि॥

यज्ञोपवितम् : जनेऊ अर्पण करें।

ॐ नमोस्तु नीलग्रीवाय सहस्राक्षाय मीढुषे।
अथो ये अस्य सत्वानोऽहं तेभ्योऽकरं नमः॥
ॐ भूर्भुवः स्वः। श्रीसाम्बसदाशिवमहारुद्राय नमः॥
यज्ञोपवितं समर्पयामि। यज्ञोपवीतान्ते आचमनीयं समर्पयामि॥

गंधं : तिलक करें।

ॐ प्रभुञ्च धन्वनस्त्वमुभयो रात्न्योर्ज्याम्।
याश्च ते हस्त इषवः परा ता भगवो वपः॥
ॐ भूर्भुवः स्वः। श्रीसाम्बसदाशिवमहारुद्राय नमः॥ गंधं समर्पयामि॥

अक्षताः : अक्षत अर्पण करें।

ॐ अक्षन्नमीमदन्त ह्यव प्रिया अधूषत।
अस्तोषत स्वभानवो विप्रा नविष्ठया मती योजा न्विन्द्र ते हरी॥
ॐ भूर्भुवः स्वः। श्रीसाम्बसदाशिवमहारुद्राय नमः॥
अक्षतान् समर्पयामि॥

बिल्वपत्राणि : बिल्वपत्र अर्पण करें।

ॐ नमो बिल्मिने च कवचिने च नमो वर्म्मिणे च वरूथिने च नमः
श्रुताय च श्रुतसेनाय च नमो दुन्दुभ्याय चाहनन्याय च॥
ॐ भूर्भुवः स्वः। श्रीसाम्बसदाशिवमहारुद्राय नमः॥
ॐ भूर्भुवः स्वः। श्रीसाम्बसदाशिवमहारुद्राय नमः। बिल्वपत्रं सम.॥

पुष्पाणि : पुष्प अर्पण करें।

ॐ विज्यं धनुः कपर्दिनो विशल्यो बाणवाँ२ उत।
अनेशन्नस्य या इषव आभुरस्य निषङ्गधिः॥
ॐ भूर्भुवः स्वः। श्रीसाम्बसदाशिवमहारुद्राय नमः। पुष्पाणि समर्पयामि॥

पुष्पमाला :

ॐ द्या मा लेखीरंतरिक्षं मा हि (घूं)सीः पृथिव्या सम्भव।
अय (घूं) हि त्वा स्वधितिस्तेतिजानः प्रणिनाय महते सौभगाय।
अतस्त्वं देव वनस्पते शतवल्शो वि रोह सहस्रवल्शा विवय (घूं)रुहेम॥
ॐ भूर्भुवः स्वः। श्रीसाम्बसदाशिवमहारुद्राय नमः। पुष्पमालां समर्पयामि॥

<u>शक्ति (पार्वती) पूजनं तथा एकादश रूद्र पूजनम्</u> : अगर मूर्ती हो तो मुर्ति को और अगर न हो तो सुपारी को शुद्ध जल से स्नान कराकर मंडल में स्थापित करें। पश्चात निम्न मंत्रान्ते, दो-दो दाने अक्षत के अर्पण करें :

ॐ नमो भगवत्यै नमः। ॐ उमादेव्यै नमः। ॐ शंकरप्रियायै नमः।
ॐ पार्वत्यै नमः। ॐ गौर्यै नमः। ॐ काल्यै नमः। ॐ कालिन्द्यै नमः।
ॐ काटीव्यै नमः। ॐ विश्वधारिण्यै नमः। ॐ शिवायै नमः॥

ॐ पार्वत्यानां आवाहयामि स्थापयामि॥

नमो देव्यै महादेव्यै, शिवायै सततं नमः।
नमः प्रकृत्यै भद्रायै, नियताः प्रणताः स्म ताम्॥

ॐ भूर्भुवः स्वः। पार्वत्यै नमः। सर्वोपचारार्थे गंधाक्षतपुष्पाणि सम.॥

<u>रूद्र पूजनम् :</u> शिवलिंग पर दो दो दाने अक्षत के अर्पण करें।

ॐ अघोराय नमः॥ ॐ पशुपतये नमः॥ ॐ शर्वाय नमः॥
ॐ विरूपाक्षाय नमः॥ ॐ विश्वरूपाय नमः॥ ॐ त्र्यम्बकाय नमः॥
ॐ कपर्दिने नमः॥ ॐ भैरवाय नमः॥
ॐ शूलपाणये नमः॥ ॐ ईशानाय नमः॥ ॐ महेशाय नमः॥

<u>अथांग पूजा</u> : निम्न दिए हुए शिवजी के अंगो का ध्यान धर, अक्षत अर्पण करें॥

ईशानाय नमः। पादौ पूजयामि॥
शंकराय नमः। जंघे पुजयामि॥
शिवाय नमः। जानुनी पूजयामि॥

शूलपाणये नमः । गुल्फौ पूजयामि ॥
शम्भवे नमः । कटी पूजयामि ॥
स्वयंभुवे नमः । गुह्यं पूजयामि ॥
महादेवाय नमः । नाभिं पूजयामि ॥
विश्वकर्त्रे नमः उदरं पूजयामि ॥
सर्वतोमुखाय नमः । पार्श्वं पूजयामि ॥
स्थाणवे नमः । स्तनौ पूजयामि ॥
नीलकंठाय नमः । कंठं पूजयामि ॥
शिवात्मने नमः । मुखं पूजयामि ॥
त्रिनेत्राय नमः । नेत्रे पूजयामि ॥
नागभूषणाय नमः । शिरः पूजयामि ॥
देवाधिदेवाय नमः । सर्वांगं पूजयामि ॥

<u>सौभाग्यद्रव्य</u>** : **अबीर-गुलाल । शिवजी को कुमकुम अर्पण नहीं होता ॥

*ॐ अहिरिव भोगैः प**र्य्येति** बाहुं ज्याया हेतिंपरिबाधमानः ।*
*हस्तघ्नो विश्वा व्वयुनानि विद्वान्पुमान्पुमा **(घुं)** संपपरिपातु विश्वतः ॥*

ॐ भूर्भुवः स्वः । श्री साम्बसदाशिवमहारुद्राय नमः । सौभाग्य द्रव्यं सम. ॥

<u>धूपम्</u>

*ॐ **या** ते हेतिर्मीढुष्टम हस्ते बभूव ते धनुः ।*
तयाऽस्मान्विश्वतस्त्वमयक्ष्मया परि भुज ॥

ॐ भूर्भुवः स्वः । श्री साम्बसदाशिवमहारुद्राय नमः । धूपं आघ्रापयामि ॥

दीपम् :

ॐ परि ते धन्वनो हेतिरस्मान्वृणक्तु विश्वतः ।
*अथो **य** इषुधिस्तवारे अस्मन्नि धेहि तम् ॥*

ॐ भूर्भुवः स्वः । श्री साम्बसदाशिवमहारुद्राय नमः । दीपं दर्शयामि ॥

नैवेद्यम् :

*ॐ अवतत्य धनुष्ट्व**(घूं)** सहस्राक्ष शतेषुते ।*
*निशीर्**य** शल्यानां मुखा शिवो नः सुमना भव ॥*

ॐ भूर्भुवः स्वः । श्री साम्बसदाशिवमहारुद्राय नमः । नैवेद्यम् निवेदयामि ॥

*"ॐ नमः शिवाय" मूल मन्त्रेण प्रसादं सम्प्रोक्ष्यामि : **प्रसाद पर जल छिडकें** ।*
*धेनुमुद्रां दर्शयामि : **प्रसाद के ऊपर धेनुमुद्रा बनाएं** । **निम्न मन्त्रों से देव को प्रसाद अर्पण करें** ।*

ॐ प्राणाय स्वाहा ॥ ॐ अपानाय स्वाहा ॥ ॐ व्यानाय स्वाहा ॥
ॐ उदानाय स्वाहा ॐ समानाय स्वाहा ॥ नैवेद्यं निवेदयामि ।
*मध्ये जलं समर्पयामि । **एक आचमनी जल छोड़कर, पुनः पांच बार प्रसाद अर्पण करें** ।*

उत्तरापोषणं समर्पयामि । हस्तप्रक्षालनं समर्पयामि ।
मुख प्रक्षालनं समर्पयामि । आचमनीयं समर्पयामि ।
***बोलकर चार बार जल छोड़ें** ।*

*करोद्वर्तनार्थे गंधं समर्पयामि । **चन्दन का छिडकाव करें** ॥*

<u>फलम्</u> : फल अर्पण करें ||

*ॐ **याः** फलिनीर्**या** अफला अपुष्पा **याश्च** पुष्पिणीः |*
*बृहस्पति प्रसूतास्ता नो मुङ्चन्-वत्व **(घूं)** हसः ||*

ॐ भूर्भुवः स्वः | श्री साम्बसदाशिवमहारुद्राय नमः | फलं समर्पयामि ||

<u>ताम्बूलम्</u> *:*

ॐ नमस्तऽ आयुधायाना तताय धृष्णवे |
उभाभ्यामुत ते नमो बाहुभ्यां त वधन्वने ||

ॐ भूर्भुवः स्वः | श्री साम्बसदाशिवमहारुद्राय नमः | ताम्बूलं समर्पयामि ||

<u>दक्षिणाम्</u> *:*

*ॐ **यद्दत्तं** **यत्परादानँ** **यत्पूर्त्तं** **याश्च**दक्षिणाः |*
*तदग्नि वैश्वकर्मणः स्वर्देवे**षु** नो दधत् ||*

ॐ भूर्भुवः स्वः | श्रीसाम्बसदाशिवमहारुद्राय नमः | दक्षिणां समर्पयामि ||

<u>मुख्य आरती</u> *:*

ॐ ज्वालामालिन्यै नमः | सकलोपचारार्थे गंधाक्षतपुष्पाणिं समर्पयामि |
बोलकर, आरती की थाली में गंध-पुष्प-अक्षत चढ़ाएं और खड़े होकर, सदाशिवजी की आरती करें ||

*ॐ आ रात्रि पार्थिव**(घूं)** रजः पितुरप्रायि धामभिः |*
*दिवः सदा**(घुं)**सि बृहती वि तिष्ठसऽ आ त्वे**षं** वर्तते तमः ||*

-99

ॐ जय गंगाधर हर शिव जय गिरिजाधीश
त्वं माँ पालय नित्यं (२) कृपया जगदीश ....
ॐ हर हर हर महादेव ||

कैलासे गिरिशिखरे कल्पद्रुमविपिने शिव कल्पद्रुमविपिने
गूंजती मधुकरपूंजे (२) कुंजवने गहने
ॐ हर हर हर महादेव ||

कोकिल कूजति खेलति हंसावन ललिता शिव हंसावन ललिता
रचयति कला कलापं (२) नृत्यति मृदसहिता
ॐ हर हर हर महादेव ||

तस्मिंललित सुदेशे शाला मणिरचिता शिव शाला मणिरचिता
तन्मध्ये हरनिकटे (२) गौरी मुदसहिता
ॐ हर हर हर महादेव ||

क्रीडां रचयति भूषा रंजितनिजमीशं शिव रंजितनिजमीशं
इन्द्रादिक सुरसेवित (२) प्रणमति ते शीर्षम्
ॐ हर हर हर महादेव ||

विबुध वधूर्बहु नृत्यति हृदये मुदसहिता शिव हृदये मुदसहिता
किन्नर गानं कुरुते (२) सप्तस्वर सहिता
ॐ हर हर हर महादेव ||

धिनकत थै थै धिनकत मृदंग वादयते शिव मृदंग वादयते
क्वण क्वण ललिता वेणु (२) मधुरं नादयते
ॐ हर हर हर महादेव ||

रुणु रुणु चरणे रचयति नूपुर मुज्ज्वलितं शिव नूपुर मुज्ज्वलितं
चक्रावर्ते भ्रमयति (२) कुरुते ताम् धिक् ताम्
ॐ हर हर हर महादेव ॥

ताम् ताम् लुप लुप चुप चुप तालं नादयते शिव तालं नादयते
अंगुष्ठा गुलिनादं (२) लास्यकतां कुरुते
ॐ हर हर हर महादेव ॥

कर्पूर द्युतिगौरं पंचाननसहितं शिव पंचानन सहितं
त्रिनयन शशिधरमौलिं (२) विषधर कंठयुतम्
ॐ हर हर हर महादेव ॥

सुन्दर जटाकलापं पावक युतभालं शिव पावक युतभालम्
डमरुत्रिशूलपिनाकं (२) करधृत नृकपालम्
ॐ हर हर हर महादेव ॥

शंखनिनादं कृत्वा झल्लरी नादयते शिव झल्लरी नादयते
नीराजयते ब्रह्मा नीराजयते विष्णु, वेदऋचां पठते
ॐ हर हर हर महादेव ॥

इति मृदुचरण सरोजं हृदि कमले धृत्वा शिव हृदि कमले धृत्वा
अवलोकयति महेशं (२) ईशं अभिनत्वा
ॐ हर हर हर महादेव ॥

रुंडै रचयति मालां पन्नगमुपवीतं शिव पन्नगमुपवीतम्
वाम विभागे गिरिजा (२) रूपं अतिललितं
ॐ हर हर हर महादेव ॥

सकल शरीरे मनसिज, कृत भस्माऽऽ भरणं शिव कृत भस्माभरणं
इति वृषभ ध्वजरूपं, इति हरशंकररूपं तापत्रय हरणम्
ॐ हर हर हर महादेव ॥

ध्यानं आरतीसमये हृदये इति कृत्वा शिव हृदये इति कृत्वा
रामं त्रिजटानाथं (२) ईशं अभिनत्वा
ॐ हर हर हर महादेव ॥

एवं प्रतिदिन गीतं पठनं यः कुरुते शिव पठनं यः कुरुते
शिवसायुज्यं गच्छति (२) भक्त्या यः श्रृणुते
ॐ हर हर हर महादेव

ॐ जय गंगाधर हर शिव जय गिरिजाधीश
त्वं माँ पालय नित्यं (२) कृपया जगदीश
ॐ हर हर हर महादेव ॥

कर्पूर प्रज्ज्वलित कर आरती करें ।

कर्पूर गौरं करुणावतारं संसारसारं भुजगेन्द्रहारं ।
सदा वसंतं हृदयारविन्दे, भवं भवानी सहितं नमामि ॥
मंगलं भगवान विष्णुः, मंगलं गरुड़ध्वजः ।
मंगलं पुण्डरीकाक्ष, मंगलाय तनो हरिः ॥
सर्व मंगल मंगल्यै, शिवे सर्वार्थसाधिके ।
शरण्ये त्र्यम्बके गौरि, नारायणी नमोऽस्तुते ॥

जलेन शीतलीकरणं कुर्यात् : **आरती की चारो और जल से प्रदक्षिणा करें** ।
पुष्पैः देवानां अभिवंदनम् : **पुष्प से देव को आरती अर्पित करें** ।
आत्माभिवन्दनम् : **यजमान स्वयं आरती लें** ।
हस्तं प्रक्षाल्य : **हाथ धोएं । अब आरती ऊपस्थित श्रध्धालुओं को दें** ॥

<u>मंत्रपुष्पांजलि</u> : यजमान अंजली में पुष्प ग्रहण करें तथा आचार्य द्वारा निम्न मंत्रोच्चार के बाद देव को अर्पण करें ||

*हरिः ॐ गणानांत्वा गणपति **(घूं)** हवामहे प्रियाणां त्वा प्रियपति **(घूं)** हवामहे*
*निधीनान्त्वा निधिपति **(घूं)** हवामहे वसो मम |*
आहमजानि गर्भधमा त्वमजासि गर्भधम् ||

श्रीश्चते लक्ष्मीश्च पत्न्यावहोरात्रे पार्श्वे नक्षत्राणि रूपमश्विनो व्यात्तम् |
*इष्णान्निषाणामुं म इ**षा**ण सर्वलोकं इ**षा**ण ||*

ॐ अम्बेऽअम्बिकेऽम्बालिके न मा नयति कश्चन |
ससस्-त्यश्वकः सुभद्रिकाम्पीलवासिनीम् ||

ॐ मूर्द्धानन्दिवोऽ अरतिम्पृथिव्व्या वैश्वानरमृतऽ आजातमग्निम् |
*कवि**(घूं)** सम्राजमतिथि ञ्जनानामासन्ना पात्रञ्जनयन्त देवाः ||*

*ॐ **य**ज्ञेन **य**ज्ञमयजन्त देवास्तानि धर्माणि प्रथमान्यासन् |*
*ते ह नाकं महिमानः सचन्त **य**त्र पूर्वे साध्याः सन्ति देवाः ||*

ॐ राजाधिराजाय प्रसह्यसाहिने | नमो वयं वैश्रवणाय कुर्महि |
स मे कामान्कामकामाय मह्यम् | कामेश्वरो वैश्रवणो ददातु |
कुबेराय वैश्रवणाय | महाराजाय नमः | ॐ स्वस्ति |
साम्राज्यं भोज्यं स्वाराज्यं वैराज्यं पार्मेष्ठ्यं राज्यं महाराज्य
माधिपत्यमयं समन्तपर्यायी स्यात्सार्वभौमः सार्वायुषआन्तादापरार्धात् |
पृथिव्वै समुद्रपर्यन्तायाऽएकराडिति |
तदप्येष श्लोकोभिगीतो मरुतः परिवेष्टारो मरुत्तस्या वसन्ग्रहे |
आविक्षितस्य कामप्रेर्विश्वेदेवाः सभासद इति ||

ॐ विश्वतश्चक्षुरुत विश्वतोमुखो विश्वतोबाहुरुत विश्वतस्पात् ।
सं बाहुभ्यां धमति सं पतत्रैर्द्यावाभूमि जनयन् देव एकः ॥

ॐ भूर्भुवः स्वः । श्रीसाम्बसदाशिवमहारुद्राय नमः ।
मंत्रपुष्पांजलिम् समर्पयामि ॥

प्रदक्षिणा :

ॐ ॐ सप्तास्या सन्परिधयस्त्रीः सप्त समिधः कृताः ।
देवा यद्यज्ञंतन्वाना अबघ्नन्पुरुषं पशुम् ॥

ॐ भूर्भुवः स्वः । श्रीसाम्बसदाशिवमहारुद्राय नमः । प्रदक्षिणां समर्पयामि ॥

विशेष अर्घ्य : आचमनी में जल लेकर, ऊपर नारियेल और दक्षिणा रखकर, निम्न मन्त्र के बाद शिवजी को अर्पण करें ॥

रक्ष रक्ष महादेव, रक्ष त्रैलोक्यरक्षक ।
भक्तानामभयंकर्ता, त्राता भव भवार्णवात् ॥
वरद त्वं वरं देहि, वांछितं वांछितार्थद ।
अनेन सफलार्घ्येण, फलदोऽस्तु सदा मम ॥

ॐ भूर्भुवः स्वः । श्रीसाम्बसदाशिवमहारुद्राय नमः । विशेष अर्घ्यं समर्पयामि ।
प्रार्थनापूर्वक नमस्कारान् समर्पयामि ॥

क्षमापन :

आवाहनं न जानामि, न जानामि तवार्चनम् ।
पूजां चैव न जानामि, क्षमस्व परमेश्वर ॥
अन्यथा शरणं नास्ति, त्वमेव शरणं मम ।
तस्मात्कारुण्य भावेन, रक्षस्व परमेश्वर ॥

गतं पापं गतं दुःखं, गतं दारिद्यमेव च।
आगता सुखसंपत्तिः, पुण्योहं तव दर्शनात् ॥
मंत्रहीनं क्रियाहीनं, भक्तिहीनं सुरेश्वर।
यत्पूजितं मया देव, परिपूर्णं तदस्तु मे॥

करचरण कृतं वा, कायजं कर्मजं वा
श्रवणनयनजं वा, मानसं वाऽपराधम्।
ॐ विहितमविहितं वा, सर्वमेतत्क्षमस्व
जय जय करुणाब्धे श्रीमहादेव शम्भो॥

ॐ भूर्भुवः स्वः। श्रीसाम्बसदाशिवमहारुद्राय नमः। क्षमापनं समर्पयामि॥

"ॐ नमः शिवाय" ***पंचाक्षर मन्त्र के यथोचित जाप करें*** *॥*

संकल्प *: विहितकर्मणि न्यूनतारिक्त सर्वदोष निवृत्यर्थं यथोत्साहं तथावकाशं च विहितमूलमन्त्रजपाख्येन कर्मणा भगवान् श्रीसाम्बसदाशिव महारुद्रः प्रीयतां न मम॥*

अर्पणम् *:* ***(हाथ में जल लेकर संकल्प छोड़ें)***

अनेन आवाहनं, आसनं, पाद्यं, अर्घ्यं, आचमनीयं, स्नानं, वस्त्रं, उपवीतं, गंधं, पुष्पं , धूपं, दीपं, नैवेद्यं, ताम्बूलं, दक्षिणां, प्रदक्षिणां, नमस्कार मंत्रं, पुष्परूपैः षोडशोपचारैः, यथाज्ञानेन, यथामिलितोपचारद्रव्यैः, कृतपूजनेन श्री भवानी-शंकरमहारुद्रः प्रीयतां न मम॥ ॐ तत्सत्शिवार्पणमस्तु॥

यस्य स्मृत्या च नामोक्त्या, तपोयज्ञक्रियादिषु।
न्यूनं सम्पूर्णतां याति, सद्यो वन्दे तमच्युतम्॥

ॐ विष्णवे नमः॥ ॐ विष्णवे नमः॥ ॐ विष्णवे नमः॥

<u>सपत्नीक यजमान को आशीर्वाद</u> : निम्न मन्त्रों से पत्नी सहित यजमान के ऊपर अक्षत बिखेर कर, आशीर्वाद प्रदान करें :

स्वस्त्यस्तु ते कुशलमस्तु । चिरायुरस्तु । गोवाजिरस्तु ।
धनधान्य समृद्धिरस्तु । ऐश्वर्यमस्तु । बलमस्तु । रिपुक्षयोऽस्तु ।
वंशे सदैव भवतां हरिभक्तिरस्तु ॥

सर्वेऽत्र सुखिनः सन्तु, सर्वे सन्तु निरामया ।
सर्वे भद्राणि पश्यन्तु, माँ कश्चिद् दुःखमाप्नुयात् ॥

यत्ते केशेषु दौर्भाग्यं , सीमन्ते यच्च मूर्धनि ।
ललाटे कर्णयोरक्ष्णो, रापो निघ्नन्तु ते सदा ॥

यावद् भागीरथी गंगा, यावद् देवो महेश्वरः
यावद् वेदा प्रवर्तन्ते, तावद् त्वं विजयी भव ॥
धन-धान्यं, पशुं, वहुपुत्रलाभं, शतसंवत्सरं दीर्घमायुः ॥

ॐ शान्तिः शान्तिः शान्तिः

॥ इति शतरुद्रीक्रम अभिषेक सहित शिव पूजनम् ॥

|| अथः शिव महिम्न स्तोत्रम् ||

श्री गणेशाय नमः
श्री पुष्पदंत उवाच

महिम्नः पारं ते परमविदुषो यद्यसदृशी
स्तुतिर्ब्रह्मादीना मपितदवसन्ना स्त्वयि गिरः |
अथावाच्य सर्वः स्वमति परिणामावधि गृणन्
ममाप्येष स्तोत्रे हर निरपवादः परिकरः || 1 ||

अतीतः पन्थानं तव च महिमा वाङ्मनसयो
रतद्-व्यावृत्या यं चकितमभिधत्ते श्रुतिरपि |
स कस्य स्तोतव्यः कतिविधगुणः कस्य विषयः
पदे त्वर्वाचीने पतति न मनः कस्य न वचः || 2 ||

मधुस्फीता वाचः परमममृतं निर्मितवतस्
तव ब्रह्मन्किं वागपि सुरगुरोर्विस्मयपदम् |
मम त्वेतां वाणीं गुणकथनपुण्येन भवतः
पुनामित्यर्थेऽस्मिन् पुरमथन बुद्धिर्व्यवसिता || 3 ||

तवैश्वर्यं यत्तज् जगदुदयरक्षा प्रलयकृत्
त्रयीवस्तुव्यस्तं तिसृषु गुणभिन्नासु तनुषु |
अभव्यानामस्मिन्वरद रमणीयामरमणीं
विहन्तु व्याक्रोशीं विदधत इहैके जडधीयः || 4 ||

किमीहः किंकायः स खलु किमुपायस्त्रिभुवनं
किमाधारो धाता सृजति किमुपादान इति च |
अतर्क्यैश्वर्ये त्य य्यनवसर दुःस्थो हतधियः
कुतर्कोऽयं कांश्चिन्मुखरयति मोहाय जगतः || 5 ||

अजन्मानो लोकाः किमवयववन्तोऽपि जगता
मधिष्ठातारं किं भवविधिरनादत्य भवति।
अनीशो वा कुर्याद् भुवनजनने कः परिकरो
यतो मन्दास्त्वां प्रत् यमरवर संशेरत इमे ॥ 6 ॥

त्रयी सांख्यं योगः पशुपतिमतं वैष्णवमिति
प्रभिन्ने प्रस्थाने परमिदमदः पथ्यमिति च।
रुचिनां वैचित्र्या दृजुकुटिलनाना पथजुषां
नृणामेको गम्यस्त्वमसि पयसामर्णव इव ॥ 7 ॥

महोक्षः खट्वाङ्गं परशुरजिनं भस्म फणिनः
कपालं चेतीयत्त्व वरद तन्त्रोपकरणम्।
सुरास्तां तामृद्धिं दधति तु भवद् भूप्रणिहिताम्
न हि स्वात्मारामं विषयमृगतृष्णा भ्रमयति ॥ 8 ॥

ध्रुवं कश्चित् सर्वं सकलमपरस्त्वध्रुवमिदं
परो ध्रौव्याध्रौव्ये जगति गदति व्यस्तविषये।
समस्तेऽप्येतास्मिन् पुरमथन तैर्विस्मित इव
स्तुवन् जिह्रेमि त्वां न खलु ननु धृष्टा मुखरता ॥ 9 ॥

तवैश्वर्यं यत्ना द्यदुपरि विरिञ्चिर्हरिरधः
परिच्छेत्तुं याता वनलमनलस्कन्धवपुषः।
ततो भक्तिश्रद्धा भरगुरुगृणद्भ्यां गिरीश यत्
स्वयं तस्थे ताभ्यां तव किमनुवृत्तिर्न फलति ॥ 10 ॥

अयत्नादापाद्य त्रिभुवनमवैरव्यतिकरं
दशास्योयद् बाहूनभृत रणकंडूपरवशान्।
शिरः पद्म श्रेणि रचित चरणाम्भोरुहबलेः
स्थिरायास्त्वद्भक्ते स्त्रिपुरहर विस्फूर्जितमिदम् ॥ 11 ॥

अमुष्य त्वत्सेवा समधिगतसारं भुजवनं
बलात्कैलासेऽपि त्वदधिवसतौ विक्रमयतः।
अलभ्या पाताले प्यलसचलिताङ्गुष्ठ शिरसि
प्रतिष्ठा त्वय्यासीद् ध्रुवमुपचितो मुह्यति खलः॥ 12॥

यदृद्धिं सुत्राम्णो वरद परमोच्चैरपि सती
मधश्चक्रे बाणः परिजनविधेय त्रिभुवनः।
न तच्चित्रं तस्मिन् वरिवसितरि त्वच्चरणयोर्
न कस्या प्युन्नत्यै भवति शिरसस्त्वय्यवनतिः॥ 13॥

अकाण्डब्रह्मांड क्षयचकित देवा सुरकृपा
विधेयस्याऽसीद्य स्त्रिनयन विषं सम्हृतवतः।
स कल्माषः कण्ठे तव न कुरुते न श्रियमहो
विकारोऽ पि श्लाध्यो भुवनभय ऽभङ्ग व्यसनिन॥ 14॥

असिद्धार्था नैव क्वचिदपि सदेवासुरनरे
निवर्तन्ते नित्यं जगति जयिनो यस्य विशिखा।
स पश्यन्नीश त्वामितरसुर साधारण मभूत्
स्मरः स्मर्तव्यात्मा न ही वशिषु पथ्यः परिभवः॥ 15॥

महि पादाधाताद् व्रजति सहसा संशयपदं
पदं विष्णोर्भ्राम्यद् भुजपरिघरुग्ण ग्रहगणम्।
मुहुर्द्यौर्दौस्थ्यं या त्यनिभृत जटाताडिततटा
जगद्रक्षायै त्वं नटसि ननु वामैव विभुता॥ 16॥

वियद् व्यापी तारा गणगुणित फेनोद्गमरुचिः
प्रवाहो वारां यः पृषत लघुदृष्टः शिरसि ते।
जगद् द्वीपाकारं जलधिवलयं ते न कृतमि
त्यनेनैवोन्नेय्यं धृतमहिम दिव्यं तव वपुः॥ 17॥

रथः क्षोणी यन्ता शतधृतिरगेंद्रो धनुरथो
रथांगे चंद्रार्कौ रथचरण पाणिः शर इति ।
दिधक्षोस्ते कोयं त्रिपुरतृण माडंबर विधि
र्विधेयै क्रीडंत्यो न खलु परतंत्रा प्रभुधियः ॥ 18 ॥

हरिस्ते साहस्त्रं कमलबलिमाधाय पदयो
र्यदेकोने तस्मिन् निजमुद हरन्नेत्र कमलम् ।
गतो भक्त्युद्रेकः परिणतिमसौ चक्रवपुषा
त्रयाणां रक्षायै त्रिपुरहर जागर्ति जगताम् ॥ 19 ॥

क्रतौ सुप्ते जाग्रत् त्वमसि फलयोगे क्रतुमतां
क्व कर्म प्रध्वस्तं फलति पुरुषाराधनमृते ।
अतस्त्वां संप्रेक्ष्य क्रतुषु फलदानप्रतिभुवं
श्रुतौ श्रद्धांबद्ध्वा दृढपरिकरः कर्मसु जनः ॥ 20 ॥

क्रियादक्षोदक्षः क्रतुपतिरधीशस्तनुभृताम्
ऋषिणामार्त्विज्यं शरणद सदस्याः सुरगणाः ।
क्रतुभ्रंशस्त्वत्तः क्रतुफलविधानव्यसन्निो
ध्रुवं कर्तुः श्रद्धा विधुरमभिचाराय हि मखाः ॥ 21 ॥

प्रजानाथं नाथ प्रसभमभिकं स्वां दुहितरं
गतंरोहिद्-भूतां रिरमयिषु मृष्यस्य वपुषा ।
धनुष्पाणेर्यातं दिवमपि सपत्रा कृतममुं
त्रसंतं तेऽद्यापि त्यजति न मृगव्याध रभसः ॥ 22 ॥

स्वलावण्याशंसा धृतधनुष मह्नाय तृणवत्
पुरः प्लुष्टंदृष्ट्वा पुरमथन पुष्पायुधमपि ।
यदि स्त्रैणं दैवी यमनिरत देहार्ध घटना
दवैती त्वामद्धा बत वरद मुग्धा युवतयः ॥ 23 ॥

स्मशानेष्वाक्रीडा स्मरहर पिशाचाः सहचराः
चिता भस्मालेपः स्रगपि नृकरोटी परिकरः।
अमांगल्यं शीलं तव भवतु नामैवमखिलं
तथापि स्मर्तृणां वरद परमं मंगलमसि॥ 24॥

मनः प्रत्यक् चित्ते सविधमवधायात्तमरुतः
प्रहृष्यद्रोमाणः प्रमदसलिलोत्संगित दृशः।
यदालोक्याह्लादं हृद ईव निमज्या मृतमये
दधत्यंतस्तत्त्वं किमपि यमिनस्तत् किल भवान्॥ 25॥

त्वमर्कस्त्वं सोम स्त्वमसि पवनस्त्वं हुतवह
स्त्वमाप्स्त्वं व्योम त्वमुधरणिरात्मा त्वमिति च।
परिच्छिन्नामेवं त्वयि परिणता बिभ्रतु गिरम्
न विद्मस्तत्तत्त्वं वयमिह तू यत्त्वं न भवसि॥ 26॥

त्रयीं तिस्रो वृत्तिस्त्रिभुवनमथो त्रीनपि सुरा
नकाराद्यैर्वर्णै स्त्रीभिरभिदधत्तिर्ण विकृति।
तुरीयं ते धाम ध्वनिभिरव रुंधान मणुभिः
समस्त व्यस्तन्त्वां शरणद गृणत्योमिति पदम्॥ 27॥

भवः शर्वो रुद्रः पशुपतिरथोग्रः सह महां
स्तथा भीमेशाना वितियदभिधानाष्टकमिदम्।
अमुष्मिन् प्रत्येकं प्रविचरति देवः श्रुतिरपि
प्रियायास्मै धाम्ने प्रणिहित नमस्योऽस्मि भवते॥ 28॥

नमो नेदिष्ठाय प्रियदव दविष्ठाय च नमो
नमः क्षोदिष्ठाय स्मरहर महिष्ठाय च नमः।
नमो वर्षिष्ठाय त्रिनयन यविष्ठाय च नमो
नमः सर्वस्मै ते तदिदमिति शर्वाय च नमः॥ २९॥

बहुलरजसे विश्वोत्पत्तौ भवाय नमो नमः
प्रबलतमसे तत्संहारे हराय नमो नमः ।
जनसुखकृते सत्वोद्रिक्तौ मृडाय नमो नमः ।
प्रमहसिपदे निस्त्रैगुण्ये शिवाय नमो नमः ।। 30 ।।

कृशपरिणाति चेतः क्लेशवश्यं क्व चेदं
क्व च तव गुणसीमो, ल्लंधिनी शश्वदृद्धिः ।
इति चकितममंदीकृत्य मां भक्तिराधाद्
वरद चरणयोस्ते वाक्यपुष्पोपहारम् ।। 31 ।।

असितगिरी समं स्यात् कज्जलं सिंधुपात्रे
सुर तरुवर शाखा, लेखिनी पत्रमुर्वी ।
लिखित यदि गृहीत्वा, शारदा सर्वकालं
तदपि तव गुणानाम् इश पारं न याति ।। 32 ।।

असुरसुर मुनीन्द्रै रर्चितस्येंदु मौले
ग्रंथीतगुण महिम्नो निर्गुणस्येश्वरस्य ।
सकलगण वरिष्ठः पुष्पदंताभिधानो
रुचिरमलघुवृत्तैः स्तोत्रमेतच्चकार ।। 33 ।।

अहरहरनवद्यं धूर्जटिस्तोत्रमेतत्
पठति परम भक्त्या शुद्धचित्तः पुमान्यः ।
सभवति शिवलोके रुद्रतुल्य स्तथाऽत्र
प्रचुरतरधनायुः पुत्रवान् कीर्तिमांश्च ।। 34 ।।

महेशान्ना परोदेवो महिम्नो नापरा स्तुतिः ।
अघोरान्नापरो मंत्रो नास्ति तत्त्वं गुरोः परम् ।। 35 ।।

दीक्षादानं तपः तीर्थं ज्ञानं यागादिकाः क्रियाः |
महिम्न स्तवपाठस्य कलां नार्हन्ति षोडशीम् || 36 ||

कुसुमदशननामा सर्व गन्धर्वराजः
शशिधरवरमौलेर्देव देवस्य दासः |
स खलु निजमहिम्नो भ्रष्ट एवास्य रोषात्
स्तवनमिदमकार्षी द्दिव्यदिव्यं महिम्नः || 37 ||

सुरवरमुनिपूज्यं स्वर्गमोक्षैकहेतुं
पठति यदि मनुष्यः प्रांजलिर्नान्यचेताः |
व्रजति शिवसमिपं किन्नरेः स्तूयमानः
स्तवनमिदममोघं पुष्पदंत प्रणीतम् || 38 ||

श्री पुष्पदंत मुखपंकज निर्गतेन
स्तोत्रेण किल्बिष हरेण हरप्रियेण |
कंठस्थितेन पठितेन समाहितेन
सुप्रीणितो भवति भूतपतिर्महेश || 39 ||

ईत्येषा वाङ्मयीपूजा, श्रीमच्छङ्कर पादयोः |
अर्पिता तेन देवेशः प्रीयतां मे सदाशिव || 40 ||

|| इति शिव महिम्न स्तोत्रम् ||

|| शिव मानस पूजा स्तोत्र ||

रत्नैः कल्पितमासनं हिमजलैः स्नानं च दिव्याम्बरम्
नाना रत्न विभूषितंमृगमदा मोदाङ्कितं चंदनम् |
जातिचम्पक बिल्वपत्र रचितं पुष्पं च धूपं तथा
दीपं देव दयानिधे पशुपते हृत्कल्पितं गृह्यताम् || 1 ||

सौवर्णे नवरत्नखण्डरचिते पात्रे धृतं पायसं
भक्ष्यं पंचविधं पयोदधियुतं रम्भाफलं पानकम् |
शाकनामयुतं जलं रुचिकरं कर्पूर खंडोज्वलं
ताम्बूलं मनसा मया विरचितं भक्त्या प्रभो स्वीकुरु || 2 ||

छत्रं चामरयोर्युगं व्यजनकं चादर्शकं निर्मलम्
वीणा भेरि मृदंगका हलकला गीतं च नृत्यं तथा |
साष्टांगंप्रणतिः स्थितिर्बहुविधा ह्येतत्समस्तं मया
संकल्पेन समर्पितं तव विभो पूजां गृहाण प्रभो || 3 ||

आत्मा त्वं गिरिजा मतिः सहचराः प्राणाः शरीरं गृहम्
पूजा ते विषयोपभोगरचना निद्रा समाधिस्थितिः |
संचारः पदयोः प्रदक्षिणविधिः स्तोत्राणि सर्वा गिरो
यद्यत् कर्म करोमि तत् तदखिलं शंभो तवाराधनम् || 4 ||

इत्येवं हरपूजने प्रतिदिनं यो वा त्रिसंध्यं जपेत्
सेवा श्लोक चतुष्टयं प्रतिदिनं पूजा हरेर्मानसी |
सोयं सौख्य मवाप्नुयाद्‌युतिधरं साक्षाद्धरे दर्शनम्
व्यासस्तेन महाप्रयाण समये कैलासलोकं गतः ||

करचरणकृतं वा कायजं कर्मजं वा
श्रवणनयनजं वा मानसं वाऽपराधम् ।
विहितमविहितं वा सर्वमेतत्क्षमस्व
जय जय करुणाब्धे श्रीमहादेव शंभो ॥

****

****

॥ द्वादश ज्योतिर्लिंग स्तोत्रं ॥

सौराष्ट्रे सोमनाथं च श्रीशैले मल्लिकार्जुनम् ।
उज्जयिन्यां महाकालं ओमकारं ममलेश्वरम् ॥ 1 ॥

परल्यां वैद्यनाथं च डाकिन्यां भीमशंकरम् ।
सेतुबंधे तु रामेशं नागेशं दारुकावने ॥ 2 ॥

वाराणस्यां तू विश्वेशं त्र्यम्बकं गौतमीतटे ।
हिमालये तु केदारं धुश्मेशं शिवालये ॥ 3 ॥

एतानि ज्योतिर्लिंगानि सायं प्रातः पठेन्नरः ।
सप्तजन्मकृतं पापं स्मरणेन विनश्यति ॥ 4 ॥

****

****

|| शिवतांडव स्तोत्रं ||

जटाटवी गलज्जल प्रवाह पावितस्थले
गलेऽवलम्ब्य लम्बितां भुजङ्ग तुङ्गमालिकाम् |
डमड् डमड् डमड् डमन्निनादवड्डुवर्मयम्
चकार चण्डतांडवं तनोतु नः शिवः शिवम् || 1 ||

जटाकटाह सम्भ्रम भ्रमन्नि लिम्पनिर्झरी
विलोल वीचिवल्लरी विराजमान मूर्द्धनी |
धगद् धगद् धगज्ज्वल ल्ललाटपट्टपावके
किशोरचंद्र शेखरे रतिः प्रतिक्षणं मम || 2 ||

धराधरेंद्र नंदिनी विलासबंधु बन्धुर
स्फुरद्दिगन्त सन्तति प्रमोदमान मानसे |
कृपा कटाक्षधोरणी निरुद्ध दुर्धरापदि
क्वचित् दिगम्बरे मनो विनोदमेतु वस्तुनि || 3 ||

जटाभुजङ्ग पिङ्गल स्फुरत्फणामणिप्रभा
कदम्ब कुङ्कुमद्रव प्रलिप्त दिग्वधूमुखे |
मदान्ध सिन्धुरस्फुरत् त्वगुत्तरीयमेदुरे
मनो विनोद मद्भूतं बिभर्तु भूतभर्तरि || 4 ||

सहस्त्र लोचन प्रभृत्य शेषलेख शेखर
प्रसून धूलिधोरणी विधूसराङ्घ्रिपीठभूः |
भुजङ्गराजमालया निबद्धजाटजूटकः
श्रियै चिराय जायतां चकोर बंधूशेखरः || 5 ||

ललाटचत्व रज्वलद् धनञ्जयस् फुलिङ्गभा
निपीत पञ्चसायकं नमन्नि लिम्पनायकम् ।
सुधामयूख लेखया विराजमानशेखरं
महांकपालि संपदे शिरो जटालमस्तु नः ॥ 6 ॥

करालभालपट्टिका धगद् धगद् धगज्वलद्
धनंजयाहुतीकृत प्रचंड पञ्चसायके ।
धराधरेंद्रनंदिनी कुचाग्रचित्रपत्रक
प्रकल्प नैकशिल्पिनी त्रिलोचने रतिर्मम ॥ 7 ॥

नविनमेघमंडली निरुद्ध दुर्धरस्फुरत्
कुहुनिशी थिनीतमः प्रबद्धबद्धकन्धरः ।
निलिम्प निर्झरी धरस्तनोतु कृत्तिसिन्धुरः
कलानिधान बन्धुरः श्रियं जगद्धुरंधरः ॥ 8 ॥

प्रफुल्ल नीलपंकज प्रपंच कालिमप्रभा
वलम्बि कंठकन्दली रूचिप्रबद्ध कन्धरम् ।
स्मरच्छिदं पुरच्छिदं भवच्छिदं मखच्छिदं
गजच्छादान्ध कच्छिदं तमन्त कच्छिदं भजे ॥ 9 ॥

अखर्व सर्व मंगला कलाकदम्ब मञ्जरी
रसप्रवाह माधुरी विजृम्भणा मधुव्रतम् ।
स्मरान्तकं पुरान्तकं भवान्तकं मखान्तकम्
गजान्त कांधकांधकं तमन्त कान्तकं भजे ॥ 10 ॥

जयत्वद भ्रविभ्रम भ्रमद्भुजङ्गमश्वस
द्विनिर्ग मत्क्रमस्फुरत् करालभाल हव्यवाट् ।
धिमिद् धिमिद् धिमिद् ध्वनन् मृदङ्गतुङ्ग मङ्गल
ध्वनिक्रम प्रवर्तित प्रचंडताण्डवः शिवः ॥ 11 ॥

दृषद् विचित्र तल्पयोर् भुजङ्ग मौक्ति कस्त्रजर्
गरिष्ठरत्न लोष्ठयोः सुहृद् विपक्ष पक्षयोः ।
तृणारविन्द चक्षुषोः प्रजामही महेन्द्रयोः
समप्रवृत्तिकः कदा सदाशिवं भजाम्यहम् ॥ 12 ॥

कदा निलिम्प निर्झरी निकुञ्ज कोटरे वसन्
विमुक्त दुर्मतिः सदा शिरःस्थ मञ्जलिं वहन् ।
विलोल लोललोचनो ललाम भाल लग्नकः
शिवेति मंत्रमुच्चरन् कदा सुखी भवाम्यहम् ॥ 13 ॥

ईमं हि नित्य मेवमुक्त मुत्तमोत्तमं स्तवं
पठन् स्मरन् ब्रुवन्नरो विशुद्धि मेति सन्ततम् ।
हरे गुरौ सुभक्तिमाशु याति नान्यथा गतिं
विमोहनं हि देहिनां सुशङ्करस्य चिन्तनम् ॥ 14 ॥

पूजावसान समये दशवक्त्रगीतं
यः शम्भुपूजनपरं पठति प्रदोषे ।
तस्य स्थिरां रथगजेन्द्र तुरङ्गयुक्तां
लक्ष्मीं सदैव सुमुखीं प्रददाति शम्भुः ॥

॥ इति श्री शिवतांडव स्तोत्रम् ॥

www.ingramcontent.com/pod-product-compliance
Ingram Content Group UK Ltd.
Pitfield, Milton Keynes, MK11 3LW, UK
UKHW020244240426
12048UKWH00026B/1596

9 789364 522731